LE

TAMBOUR DE POLOTSK

ÉPISODE

DE LA CAMPAGNE DE RUSSIE

EN 1812

PAR

M. LE CHEVALIER D'AURIOL

AUTEUR DE FLEURETTE,

Traducteur des Traits remarquables de l'Histoire universelle de Stretch.

PARIS

DÉBECOURT, LIBRAIRE-ÉDITEUR,

RUE DES SAINTS-PÈRES, 64.

1843

LE

TAMBOUR DE POLOTSK.

LE

TAMBOUR DE POLOTSK

ÉPISODE

DE LA CAMPAGNE DE RUSSIE

EN 1812

PAR

M. LE CHEVALIER D'AURIOL

AUTEUR DE FLEURETTE,

Traducteur des Traits remarquables de l'Histoire universelle de Stretch.

PARIS

DÉBECOURT, LIBRAIRE-ÉDITEUR,

RUE DES SAINTS-PÈRES, 64.

1843

Imprimerie et lithograhpie Maulde et Renou,
rue Bailleul, 9 et 11.

AVANT-PROPOS.

AUX LECTEURS ET AUX ÉLECTEURS.

Convaincu que le parti royaliste ne peut mériter l'estime et la confiance des Français, qu'en honorant toutes les gloires qui ont illustré la France sous la Monarchie, la République et l'Empire, j'ai publié cet ouvrage, aussi impartial que consciencieux, dans l'espoir de me concilier l'estime de l'opinion publique.

Déjà la *Quotidienne*, la *Gazette de France* et la *Mode* en ont compris toute l'importance depuis quatre ans, et ces trois journaux royalistes, condamnés à cause de l'indépendance de leurs opinions, ont été récompensés au delà de leur attente par les adhésions politiques qu'ils ont obtenues.

LE

TAMBOUR DE POLOTSK.

......nomenque tuum, laudesque manebunt.
Églog., VIRGILE.

Ce fut par ses armes et son courage que Clovis battit Siagrius et le fit décapiter, et qu'au moment d'être pris lui-même par les Allemands, il fit vœu de se faire chrétien, et remporta la fameuse victoire à Tolbiac ; que Charles-Martel, à la célèbre bataille de Poitiers, sauva la France du débordement des Sarrasins, qui y perdirent, dit-on, trente mille des leurs ; que Charlemagne, par la sublimité de son génie, de son courage et de sa fermeté, dompta les Saxons et autres nations du nord, et rétablit l'empire d'Occident ; que Philippe-Auguste, un des plus grands princes de sa race, et des plus brillants de la monarchie capétienne, fut vainqueur à Bouvines ; que saint Louis, ce héros aussi pieux que politique vertueux, gagna les batailles de Taillebourg et de Saintes sur le roi d'Angleterre, en 1242 ; et si, plus tard, Jean, à Poitiers, et François Ier, à Pavie, tombèrent dans les mains de l'ennemi ; si le sceptre fut sur le point d'échapper deux fois de la main de nos rois pour passer dans celles des Plantagenets ou des

Guise, ce fut au son du tambour (1) que l'héroïque Jeanne d'Arc chassa les perfides Anglais, sauva la monarchie à l'époque la plus désespérée, et qu'on vit Charles VII, fugitif d'abord, expulser les Anglais du royaume, et reconquérir presque toutes ses provinces.

L'histoire raconte que le duc d'Or-

(1) Ce n'est qu'en 1347, trois ans avant la mort du roi Philippe VI, de Valois, lors de l'entrée d'Édouard III, roi d'Angleterre, à Calais, qu'on a créé des tambours dans l'infanterie française, et que l'usage de la caisse s'y est introduit avec rapidité. (Voyez la notice à la fin de l'ouvrage, sur l'étymologie du mot *Tambour*, son usage chez les anciens et ensuite chez les Sarrasins et les Maures, qui l'importèrent en Europe, et l'origine du *Tambour-Major*, d'après divers auteurs, notemment, de nos jours, M. le capitaine François Sicard.)

léans, depuis Louis XII, fut puni de sa révolte, et fait prisonnier à Saint-Aubin, en Bretagne, par La Trémouille, en 1488; que Charles VIII gagna la bataille de Fournoue (Fornovo), dans l'État de Parme, contre les confédérés trois fois plus forts que lui; que Henri IV, lors de la guerre des trois Henri, s'écria à Coutras, aux princes de sa famille, en se jetant dans la mêlée : « *Vive Dieu! je* « *vais vous faire voir que je suis votre* « *aîné;* » et lorsque Henri III, en mourant, le proclama son successeur, ce prince si spirituel, si aimable, si vaillant, toujours repoussé et toujours vainqueur, et de Mayenne et de ses ligueurs, ce prince qui soumit les Parisiens, fascinés par la révolte, et réduits à la famine, en leur montrant la générosité et la compassion d'un vainqueur, gagna les batailles d'Arc et d'Ivry, et prouva par sa vaillance qu'en suivant son panache blanc, on le trouvait toujours dans le chemin de l'honneur et de la gloire. Mais le commandant Villars, mais Farnèze, malgré l'infériorité des forces de Henri IV, éprouvèrent tout ce que peut le bon droit soutenu par un bouillant courage, tout ce que l'amour de la patrie, déchirée par les partis, ruinée par les guerres civiles et les prétentions de quelques seigneurs ambitieux, peut inspirer à un Bourbon. Ce fut aussi sous le règne de Louis XIV, à cette époque immortelle de grandeur, de gloire et de bon goût, que le prince de Condé, d'illustre mémoire, gagna la bataille de Senef sur le prince d'Orange, depuis roi d'Angleterre, et fit mordre la poussière à plus de vingt-sept mille hommes ; qu'à Turkeim, Turenne s'immortalisa par sa belle campagne d'Alsace ; qu'à Fleurus, Luxembourg vainquit le prince de Waldeck ; qu'à Steinkerque et Nerwinde, ce grand général défit le prince d'Orange ; que Vendôme se couvrit de gloire à Villa-Viciosa et fixa la couronne sur la tête de Philippe V, et qu'après cette bataille, Philippe, fatigué et ne trouvant un endroit pour se reposer, le duc de Vendôme fit amonceler les drapeaux ennemis et les lui indiqua, comme le lit le plus doux et le plus digne d'un roi. Ce fut aussi au son du tambour que le maréchal de Villars triompha des alliés à Denain, et sauva la France en 1712, et que le maréchal de Bellisle s'immortalisa par sa fameuse retraite de Prague.

Mais durant le court espace de la République, du Consulat et de l'Empire, les ennemis de toute indépendance et de toute liberté perdirent plus de combats, plus de batailles décisives, qu'il ne s'en était donné sous nos Rois.

Dans le commencement de la République, les Français se signalèrent par leur courage et leur patriotisme, et repoussèrent les Prussiens à Valmy, et les Autrichiens à Jemmapes. Dumouriez entra dans Bruxelles, inonda la Belgique et menaça la Hollande. Le succès de Jemmapes fut le commencement des guerres offensives contre l'étranger, et les premiers trophées qui ouvrirent la carrière à tant de gloire.

Ce fut alors qu'on vit l'Autriche, l'Allemagne, la Suède, le Danemarck et la Russie, soudoyés par les intrigues et l'or de la perfide Albion, former cette formidable coalition qui menaçait d'engloutir la France, et de la rayer du nombre des nations. Vaincus et anéantis par le chef de la France, ils eurent tous recours à sa clémence et à sa générosité, et c'est alors que l'on vit, pour la première fois, peut-être, le vainqueur si lâchement attaqué par toute l'Europe, faire habiller tout à neuf les prisonniers russes tombés entre ses mains et en celles de ses lieutenants Brune et Masséna, et les renvoyer dans leur pays à ses frais.

Paul Ier, empereur de toutes les Russies, plein d'admiration, se sépara de la coalition, et devint l'ami de la France qu'il avait combattue jusqu'alors sur le Rhin, en Hollande, en Suisse et en Italie.

Ce fut au son du tambour que les armées françaises, après avoir franchi les mers, se présentèrent devant la ville fondée par le héros macédonien, et la prirent d'assaut.

Ce fut par leur courage intrépide que les Français s'emparèrent de l'Egypte, d'une partie de la Syrie et exterminèrent les restes des mamelucks à la bataille d'Aboukir, victoire qui vengea la France du désastre de la première bataille de ce nom, et qui fut remportée par les

Anglais contre notre amiral Brueys, laquelle privant le général français de tout son gros matériel, l'empêcha de continuer ses succès, et de joindre pour toujours ces vastes contrées à la grande patrie (1).

L'Autriche ne se tenant pas pour bat-

(1) C'est en Égypte et auprès de Kléber que se trouvait un adolescent qui passait pour son secrétaire, et qui fit avec ce général les campagnes d'Égypte et de Syrie.

Bien jeune encore, sa naissance fut un problème pour tout le monde, Kléber excepté. Plusieurs versions ont circulé au sujet de ce jeune militaire, dont l'avancement rapide fut une énigme qui n'a été expliquée depuis que par la mort de Pichegru en 1804. On sait que ce général a été étranglé dans son lit aussitôt après son arrestation et la saisie de ses papiers. (Voir les Mémoires tirés des papiers d'un homme d'état, vol. VIII, p. 334.)

tue, leva de nouveau, en 1800, l'étendard de la guerre, et menaçait la France d'une invasion.

Ce fut alors que le premier consul, de retour d'Egypte depuis quelques mois seulement, résolut de porter la guerre sur le Pô, entre Milan, Gênes et Turin. Il choisit la base de ses opérations sur les revers du Simplon et du Saint-Gothard ; et tandis que le général Kray est contenu par Moreau, le premier consul s'empare des défilés des Alpes pour attaquer les derrières de Mélas. Son courage intrépide ne redoutant aucun péril, le décida à entreprendre le passage de l'armée et de son artillerie.

Moncey marche vers le Saint-Gothard avec quinze mille hommes pour descendre à Bellinzona; Bethencourt se dirige vers le Simplon, et Tureau sur le Mont-Cénis.

Le premier consul, à la tête de trente-cinq mille hommes, pénètre en Italie par le grand Saint-Bernard, et renouvelle, de nos jours, la prodigieuse entreprise du passage du grand Annibal, consacrée par l'histoire depuis deux mille ans.

L'armée française, sous les ordres du général Bonaparte, qui l'avait tant de fois conduite à la victoire, pleine d'enthousiasme, d'ardeur et de courage, surmonte tous les obstacles, et, en moins de huit jours, elle arrive avec sa cavalerie, ses canons, ses caissons, son bagage, aux pieds de ce mont inaccessible jusqu'alors, et transporte d'admiration toute l'Italie, à la vue d'une armée française qui semblait tomber des nues, dominant, par sa position, tout le vaste bassin de cette riche contrée.

Le général autrichien Mélas, qui ne s'attendait nullement à la possibilité d'une invasion de ce côté, surpris et attaqué, est défait à Marengo, le 14 juin 1800, et se voit forcé de capituler, quoique son armée fût encore numériquement plus forte que celle du vainqueur.

De son côté, Moreau défit complètement, à Hohenlinden, l'archiduc autrichien Jean, et, s'ouvrant un passage pour marcher sur Vienne, força l'Autriche à signer le traité de Lunéville.

Sous l'Empire, le courage et le génie

firent de nouveaux prodiges. L'Angleterre, envieuse de la gloire et de la prospérité de la France, ne cherchait à dominer les peuples que pour assurer son monopole dans toutes les parties du monde. C'est elle qui, partout et toujours, suscite des coalitions et des guerres contre la France. Napoléon, en imposant aux puissances le blocus continental qui doit ruiner et anéantir la perfide Albion, entra de nouveau en campagne contre l'Autriche, et obtint de nouvelles couronnes de lauriers, qui furent autant de nouveaux triomphes. S'il ne fait la guerre que pour avoir la paix, s'il est assez habile pour être toujours vainqueur, du moins il a le tort de se montrer trop généreux et trop magnanime pour vouloir profiter de la victoire, et recueillir le fruit de nos sacrifices et de ses immortels travaux.

Le traité de Lunéville, en **1801**, fut basé sur celui de Campo-Formio, qui n'avait été qu'une paix temporaire avec l'Allemagne. Par ce traité, la Belgique ainsi que la rive gauche du Rhin furent cédées à la France, et l'Autriche se vit dépouillée du protectorat du corps germanique, ce qui donna naissance à la Confédération du Rhin. L'Adige servit de limites aux possessions autrichiennes, en Italie, et la cour de Vienne fut forcée de reconnaître l'indépendance des républiques cisalpine, ligurienne, batave et helvétique. Le frère de l'empereur d'Allemagne perdit la Toscane, qui fut annexée au nouveau royaume d'Etrurie, donnée à l'infant de Parme en échange du duché de ce nom. Tous ces sacrifices aigrirent l'Autriche ; elle conserva toujours le désir de se relever de son abaissement, et on la vit bientôt, à l'instigation de l'Angleterre, se coaliser avec la Russie, et déclarer de nouveau la guerre à la France.

La rupture du traité d'Amiens, en 1802, prouva que l'Angleterre ne respectait rien. La prise de Stralsund, le bombardement de Copenhague, les conquêtes des îles Saint-Thomas, de Sainte-Croix et de Madère en furent les preuves.

La politique du cabinet de Saint-James, toujours guidée par l'égoïsme et l'avidité, n'a été ni grande ni généreuse ; et l'on vit, comme toujours, qu'elle ne faisait la guerre ou la paix que pour s'agrandir et s'enrichir.

En 1805, l'Autriche, poussée par l'Angleterre et soutenue par ses subsides, arme de nouveau contre la France. Elle ne redoute ni l'expérience ni le génie du grand capitaine des siècles modernes, et elle ne voit ses illusions détruites que par la mémorable victoire d'Austerlitz. C'est alors, qu'en présence de l'occupation de toute la monarchie par les armées françaises, on pouvait dire : *La maison d'Autriche a cessé de régner*. Rien au monde n'eût pu empêcher l'exécution d'une pareille sentence. Alexandre, vaincu à Austerlitz, fuyait vers le nord et regagnait ses états. Napoléon signa le traité de Presbourg, après une campagne de soixante-dix jours, et rendit à François II sa couronne, et à Alexandre les débris de son armée.

Quoi qu'il en soit, le traité de Presbourg produisit des effets immenses. L'empereur d'Autriche *reconnut* Napoléon comme roi d'Italie, et s'engagea à reconnaître le successeur qu'il désignerait; le Piémont et Gênes furent réunis à la France; les principautés de Lucques et de Piombino, l'indépendance des républiques bataves et helvétiques, l'élévation des ducs de Bavière et de Wurtemberg à la dignité royale furent aussi reconnues par l'Autriche. François renonce au titre d'empereur d'Allemagne, pour prendre celui de François Ier, empereur d'Autriche ; ce monarque cède et abandonne :

1° A l'Empereur des Français tout le territoire vénitien, la Dalmatie, etc.

2° Au roi de Bavière le Burgau, Aichtett, partie de Passau, le Tyrol avec Trente et Brixen, le Woralberg, Hohenems, Konigsegg-Rothenfels, Tetnang, Argen et Lindau ; il lui laisse occuper la grande et belle ville d'Augsbourg.

3° Au roi de Wurtemberg les cinq villes du Danube, le haut et bas Hohenberg, Nellenbourg, la préfecture d'Altorff (la ville de Constance exceptée), les villes de Willengen et de Brentengen, enfin la partie du Brisgau, enclavée dans les possessions wurtembergeoises, et située à l'est d'une ligne tirée du Schlegelberg à la Mosbach. Il lui laisse occuper le comté de Bondorff.

4° A l'électeur de Bade, le reste du Brisgau, l'Ortenau, la ville de Constance et la commanderie de Meinau.

L'empereur d'Autriche *renonce*, en outre, à tous titres, prétentions ou droits sur tous les états et territoires généralement compris dans les cercles de Bavière, Franconie et Souabe. De son côté, l'Empereur des Français ajoute les pays de Salsbourg et de Berchtolsgaden à la monarchie autrichienne ; il en *garantit* le *statu quo*, et transporte l'électeur de Falsbourg à Wurzbourg.

Tel fut ce fameux traité dont les suites firent passer le royaume de Naples, appartenant aux Bourbons, dans la famille de Napoléon.

La Prusse céda à la France le pays d'Anspach, celui de Neufchâtel et Valengin, la portion du duché de Clèves qui lui restait, et incorpora à sa monarchie les états de l'électeur de Hanovre possédés par la France.

Le roi de Bavière céda à la France le duché de Berg, et en reçut en échange le pays d'Anspach cédé par la Prusse.

Napoléon, après avoir créé en Allemagne deux rois dont il a augmenté le patrimoine, procéda à la distribution des sceptres, de provinces, de richesses, conquis par ses armes et la valeur des Français; il donna la couronne de Naples à son frère Joseph, et il annexa les états

Vénitiens au royaume d'Italie; Murat, son grand-amiral, fut créé duc de Clèves et de Berg; il donna la principauté de Guastalla à la princesse Pauline, sa sœur, et celle de Massa-Carrera, à la princesse Elisa, son autre sœur; il accorda la souveraineté de Neufchâtel et Valengin au maréchal Berthier, ministre de la guerre. Dans les pays d'Italie qu'il venait de distribuer, il institua vingt-deux duchés héréditaires qui devinrent autant de fiefs de l'Empire français en faveur des généraux et des ministres qui avaient rendu d'importants services à l'état, et il affecta plusieurs millions de rente perpétuelle, provenant de ces mêmes pays, à la récompense des officiers et des soldats de ses armées.

Sept mois après le traité de Presbourg, le 1er août 1806, quatorze princes allemands annoncèrent à la diète leur séparation absolue du corps germanique, et leur réunion nouvelle sous la protection de l'Empereur Napoléon, réunion à laquelle on donna le nom de *Confédération du Rhin*. La diète devait se tenir à Francfort, et se composer de deux colléges, celui des rois et celui des princes. Le premier se composait de deux rois, de trois grands-ducs, et du prince Primat, anciennement archi-chancelier, président du collége des rois; le second de sept princes et ducs régnant, fournissant ensemble soixante-trois mille hommes auxquels la France en joindra deux cent mille pour leur défense et protection. Les adjonctions à la confédération du Rhin depuis sa formation se composèrent du roi de Saxe avec les cinq branches de sa famille, du roi de Westphalie, des trois rameaux d'Anhalt, des deux rameaux Schwartzbourg, du prince de Waldeck, des quatre rameaux de Reuss, des quatre rameaux de la Lippe, des deux rameaux de Mecklembourg, et du duc d'Oldenbourg. Cette confédération, formant une masse de treize millions d'habitants, devait compléter un contingent de plus de cent mille hommes. Peu de temps après, le chef de l'ancienne confédération germanique en proclama la dissolution solennelle, en abdiquant le titre d'empereur d'Allemagne, dégageant chacun des membres de leurs obligations et de leurs serments. Dès lors le théâtre de la guerre était fixé loin de nos frontières, et ce grand événement enlevait à l'influence d'un ennemi naturel et puissant un grand nombre de souverains dont les forces se tourneraient contre lui-même.

Tandis que le héros d'Austerlitz triomphe des puissances continentales, l'Angleterre, notre implacable ennemie, s'empare du sceptre des mers. Elle force Napoléon à de nouveaux triomphes, mais elle s'en console par les revers qu'elle fait éprouver à la marine française.

L'amiral Missiessy se distingue dans différents combats. Villeneuve, à Aboukir, laisse, par son hésitation, échapper la flotte anglaise qui emmenait nos vaisseaux. Au cap Finistère, cet amiral éprouve un échec.

A Trafalgar, il succombe par suite de la défection de Dumanoir qui, au lieu d'entrer en ligne avec sa division suivant le signal qui lui en a été fait, s'éloigne en toute hâte : car cette fuite sauva l'escadre anglaise qui eût été enlevée après la mort de Nelson, et qui n'avait plus de réserve... Fait prisonnier, l'amiral Villeneuve, informé que la calomnie attaquait son honneur, obtient de rentrer en France pour justifier sa conduite; mais comme celui qui lui avait donné l'ordre de chercher l'ennemi et de le combattre pouvait se trouver compromis par suite des révélations de l'amiral, celui-ci fut assassiné avant son arrivé à Paris (1), et l'on publia

(1) Voyez Norvins, *Histoire de Napoléon*, t. II, p. 420.

qu'il s'était suicidé..... Voilà comme on écrit l'histoire!!

L'Angleterre et la France ont donc eu raison de chanter le *Te Deum* pour les victoires de l'année 1805, mais après le combat de Santo-Domingo, celle-ci ne songea plus pour le moment à lutter sur mer avec l'Angleterre. La France saura vaincre, et se montrer à la fois grande et généreuse.

Fox, en succédant à Pitt, fit naître l'espérance de voir s'établir en Europe cette paix tant désirée par Napoléon, et si nécessaire au monde; mais la mort, malheureusement trop subite et trop prématurée du ministre anglais, encouragea les ennemis de la France et le parti anglais, comprimé par Fox, à travailler avec plus d'ardeur que jamais au renversement de Napoléon.

La Prusse qui avait signé à Postdam un traité secret avec la Russie, traité qui fut scellé par un serment prêté sur le tombeau du grand Frédéric, entraîna la Suède et l'Angleterre pour former la quatrième coalition contre la France, sous prétexte d'une confédération du nord en opposition avec la nouvelle confédération du Rhin. La Prusse, voulant détacher les cours de Saxe et de Hesse-Cassel des intérêts de la France, avait envahi la Saxe. Napoléon lui fit déclarer par son ministre à Berlin, qu'il regardait comme une déclaration de guerre toute invasion du territoire Saxon. Il savait que la jeune et belle reine de Prusse, parcourait à cheval, en costume militaire, les rues de sa capitale pour exciter les habitants à prendre les armes, et qu'elle s'était rendue à l'armée, à la tête de son régiment de dragons, pour l'inspirer par son courage chevaleresque, et la conduire au combat.

Napoléon répondit aux agressions de la Prusse en remportant les victoires d'Iéna et d'Auerstaedt, où cinquante à soixante mille hommes furent tués ou pris; trois cents bouches à feu, six cents drapeaux et tous les magasins tombèrent au pouvoir des Français.

Les vieux compagnons d'armes du grand Frédéric, notamment le fameux duc de Brunswich, le maréchal de Mollendorf, et le lieutenant-général de Schemeltau y furent blessés dangereusement. Le grand

Frédéric, le héros de la monarchie prussienne, avait battu le prince de Soubise le 5 novembre 1757, ainsi que les alliés à qui il avait fait éprouver une perte de dix mille hommes, et un terrain immense; Napoléon s'en souvint, vengea l'honneur de la France à Iéna non loin de Rosbach, détruisit l'armée et la monarchie prussienne, abattit la colonne de Rosbach, la fit transporter à Paris, et en visitant la tombe du grand Frédéric sur laquelle l'empereur Alexandre et le roi de Prusse venaient de jurer de détruire son empire, Napoléon se saisit de l'épée de ce grand capitaine, comme un trophée digne de lui, et qu'il n'eût pas donné pour des millions, tant la gloire lui était plus chère que la fortune!!..... La victoire d'Auerstaedt fut la suite de celle d'Iéna et fit la gloire du maréchal Davoust, qui reçut le titre de duc de ce pays.

La sanglante bataille de Preusch-Eylau qui eut lieu le 8 février 1807, malgré la neige et la glace, offrit l'affreux spectacle de Prussiens, de Russes et de Français se battant en désespérés et se disputant sans cesse la victoire qu'ils rendaient incertaine à force de valeur, de sang et de blessures. Enfin les Français furent vainqueurs sur tous les points; mais, hélas! jamais victoire ne fut plus cruelle!

Le siége et la prise de Dantzick, après cinquante et un jours de tranchée ouverte honorera à jamais la mémoire du maréchal Lefèvre qui en fut nommé duc. Enfin la bataille de Friedland, remportée le 14 juin

1807, jour anniversaire de la bataille de Marengo, détruisit entièrement l'armée russe, laissa l'empire d'Alexandre ouvert et sans défense, anéantit la garde impériale russe, ainsi que les derniers débris de l'armée prussienne, et réduisit la Prusse au rang de puissance de second ordre. Les ennemis perdirent cent quarante mille soldats, huit cents pièces de campagne, quatre mille canons de place. Tels furent les trophées de nos victoires que les Français, guidés par Napoléon, couronnèrent de leurs lauriers immortels cueillis dans la campagne de Prusse.

Mis en déroute complète, l'ennemi fuyait par deux directions vers la Russie; la première prenait la route de Kœnigsberg, et l'autre celle de Tilsitt; les

Français victorieux trouvèrent les routes couvertes de canons, d'équipages et de caissons. Le maréchal Soult entre à Kœnigsberg et trouve d'immenses munitions de tout genre. Les deux souverains, vivement poursuivis, ne sont en sûreté, ainsi que les tristes débris de leurs forces, que sur la rive droite du Niémen. Napoléon arrive seul à Tilsitt, précédé de quelques troupes légères. En voyant le Niémen au delà duquel commence la Russie, le vainqueur d'Iéna, d'Eylau et de Friedland, s'arrêta.

Alexandre envoya un parlementaire à Napoléon pour demander une entrevue. Napoléon l'accepta. On construisit un radeau au milieu du Niémen. Les deux empereurs s'y rendirent accompagnés de leurs aides-de-camp et de leurs officiers d'ordonnance,

On a fait bien des versions au sujet de l'entrevue des deux empereurs; je crois pouvoir transmettre avec certitude les premières paroles des deux monarques en s'abordant.

En arrivant, l'empereur Alexandre dit à Napoléon qu'il devait rester assis, et que c'était à lui à se tenir debout devant le génie. Napoléon, la main derrière le dos, gardant un grand sang-froid, lui répondit qu'il devait aussi se tenir debout devant la naissance. Le roi de Prusse se tint confondu parmi les généraux présents jusqu'au moment où Alexandre, ayant obtenu les bases du traité de Tilsitt de la magnanimité de l'Empereur des Français, ce roi sans diadème, et réduit à la seule possession de Memel, put prendre part aux conférences qui durèrent vingt jours.

Le traité de Tilsitt fut conclu le 7 juillet 1807. La Prusse recouvra ses possessions au delà de l'Elbe, savoir : la Silésie, le Brandeboug, la Poméranie, l'ancienne Prusse, et la partie de la Pologne située sur les deux rives de la basse Vistule qui unit ces deux dernières provinces. La ville de Dantzick fut rétablie dans son indépendance avec un territoire de deux lieues. La navigation de la Vistule fut déclarée libre et exempte de tout péage. La Prusse perdit la presque totalité de ses possessions polonaises; elle abandonna toutes ses provinces entre l'Elbe et le Rhin ; elle renonça à tous ses droits et prétentions sur tout autre état quelconque ; elle reconnut les rois de Naples, de Hollande, de Westphalie, et la Confédération du Rhin.

La Russie obtint un petit territoire sur le Narrew pour la convenance de ses frontières militaires ; la réintégration des princes de Cobourg, d'Oldenbourg, de Mecklembourg-Schwerin, et elle céda la principauté de Jever dans l'Ost-Frise ; elle reconnut les rois de Naples, de Hollande, de Westphalie ; la confédération du Rhin, telle qu'elle était ou pourrait être par la suite, et se désiste de tout contrôle relativement aux pays demeurés en la puissance de l'Empereur Napoléon qui en fera ce que bon lui semblera.

L'Empereur des Français, maître d'une

foule d'états et d'une population de plus de cinq millions, disposa, sous le titre de *Duché de Varsovie*, de la Pologne prussienne en faveur du roi de Saxe, appelé jadis au trône par la volonté des Polonais. Il octroie à ce pays une constitution modelée sur celle de la France, et lui assure une communication militaire avec la Saxe au travers des états prussiens.

Il crée le royaume de Westphalie, le donne à son frère, et retient le Hanovre, la Poméranie suédoise, Erfurt, Bareuth, Fulde et Hanau. Il résulte de ce traité que tout le système politique du nord fut détruit et toutes les barrières de la Baltique anéanties. La Prusse est descendue au rang des puissances du second ordre; la Saxe a été augmentée et mise en état de la neutraliser; la confédération du Rhin a vu doubler sa population, et son territoire s'étend jusqu'au Niémen; le royaume de Westphalie fut créé, et les maisons de Brunswick, d'Orange, de Hesse-Cassel et de Bragance, cessèrent de régner; il n'exista plus dès lors de relations diplomatiques et commerciales avec l'Angleterre, qui fut frappée d'interdiction.

C'est ainsi que Napoléon, après la victoire de Fiedland, foulant à ses pieds l'orgueil des souverains conjurés contre sa couronne, et qui n'ont pu le vaincre malgré leurs forces réunies, se vit l'arbitre des destinées de l'Europe continentale!!!

Son retour à Paris fut marqué par la solennité du mariage de la princesse

Catherine de Wurtemberg avec le nouveau roi de Westphalie. Mais à peine reposé des fatigues de la campagne de Prusse, Napoléon apprend que Gustave de Suède, voulant imiter Charles XII, et comptant follement sur les armements de l'Angleterre, a rompu son armistice en Poméranie; il ordonne au maréchal Brune de châtier ce prince téméraire enfermé dans Stralsund. Malgré la fidélité de Gustave envers l'Angleterre, cette alliée, toujours perfide, abandonna ce prince dans sa funeste entreprise, et préféra exiger du prince royal de Danemarck un traité d'alliance offensif et défensif, et, pour garantie, la remise de la flotte, de la forteresse de Cronenbourg, ainsi que la ville de Copenhague, laquelle fut prise d'assaut après un siége de soixante-douze jours. Ce fut au son du tambour que le maréchal Brune força Gustave de Suède, réduit à lui-même, d'abandonner la Poméranie, sa capitale, et l'île de Rugen.

D'après le traité secret signé à Fontainebleau entre la France et l'Espagne, négocié par Isquierdo, agent du prince de la Paix, premier ministre de Charles IV, le général Junot, depuis duc d'Abrantès, traversa l'Espagne pour marcher contre le Portugal, resté seul l'allié de l'Angleterre, et traité comme ennemi de la France en refusant de maintenir le blocus continental. Non seulement ce traité autorisait le passage sur le territoire d'Espagne d'un corps d'armée de vingt-huit mille hommes, mais il réglait le partage du royaume de Portugal. La France s'engageait à donner au roi d'Etrurie, en échange des états de Toscane, la Lusitanie septentrionale à titre de royaume, et à Manoël Godoy, prince de la Paix, le royaume des Algarves à titre de principauté. Le roi d'Espagne, déclaré suzerain de ces états, devait joindre à ses titres celui d'empereur *des deux Amériques*. Une autre armée de quarante mille hommes devait pénétrer en Espagne pour se rendre en Portugal dans le cas ou les Anglais viendraient le défendre. Mais les intrigues de Godoy, favori de la reine, et premier ministre, toujours en butte à la haine personnelle de Ferdinand, prince des Asturies, au mépris de la cour et de la nation ; mais les intrigues du marquis de Beauharnais, ambassadeur de Napoléon, manifestant hautement cette animadversion, comme si l'Empereur, son maître, partageait cette opinion, et conduisant, en quelque sorte, la main de l'héritier du trône d'Espagne *pour demander par écrit à l'Empereur des Français l'honneur de s'allier à une personne* de son auguste famille.... Le bruit répandu du mariage du prince des Asturies avec mademoiselle Tascher, nièce de l'ambassadeur Beauharnais, projet qui devait envoyer Godoy en exil ; l'arrestation de Ferdinand, la saisie de ses papiers constatant l'existence d'une conjuration pour obliger le roi Charles IV à abdiquer en faveur de son fils ; sa demande en grâce et son pardon accordé par le roi à la prière de la reine, sa mère; tout ce concours de circonstances, créé par l'intrigue et l'ambition, retarda l'exécution du traité de Fontainebleau, amoncela un orage qui éclata sur le trône de la maison de Bourbon d'Espagne, conduisit Charles IV et Ferdinand VII à abdiquer, l'un et l'autre, en faveur de Napoléon, et à s'exiler en France.

Cependant à l'approche de l'armée de Junot, et en lisant le décret de Napoléon *inséré au Moniteur*, annonçant que la maison de Bragance va cesser de régner, le prince régent croit devoir obtempérer à ce décret, et il embarque sa personne, sa famille, son palais, son trône sur huit vaisseaux et se rend au Brésil, escorté par une escadre anglaise. L'histoire n'offre rien de comparable à l'émigration de ce prince qui se croit vaincu par la seule volonté de Napoléon, et qui se soumet sans combattre.

Mais avant d'asseoir son frère Joseph sur le trône d'Espagne, l'Empereur des Français eut à dompter l'insurrection des Espagnols, devenue une guerre d'extermination causée par la surprise des forteresses de Pampelune, de Montjoux, de Saint-Sébastien, de Figuères, de Barcelonne; par l'occupation de Madrid par Murat, grand-duc de Berg, à la tête de quarante mille hommes, et l'imprudence qu'il commit en faisant sortir de prison le prince Godoy, l'objet de la haine de la nation. Napoléon n'eut pas le temps d'arriver seul en médiateur pour concilier des discordes de famille et punir l'intrigue. Il eut le malheur de confier à Murat une mission pacifique que celui-ci exécuta militairement, et sans ménagement pour une nation jalouse de son indépendance, toujours animée d'un fier courage, toujours pleine d'amour et de respect pour ses souverains légitimes ; Murat méprisa les instructions de Napoléon, et dans lesquelles il lui disait :

« Je crains que vous ne me trompiez
« sur la situation de l'Espagne, et que
« vous ne vous trompiez vous-même.

« Ne croyez pas que vous attaquiez
« une nation désarmée, et que vous
« n'ayez que des troupes à montrer pour
« soumettre l'Espagne... Il y a de l'éner-

« gie chez les Espagnols. Vous avez af-
« faire à un peuple neuf; il a tout le cou-
« rage, et il aura tout l'enthousiasme que
« l'on rencontre chez des hommes qui
« n'ont point usé les passions politiques.

« L'aristocratie et le clergé sont les
« maîtres de l'Espagne; s'ils craignent
« pour leurs priviléges, et pour leur exis-
« tence, ils feront contre nous des levées
« en masse *qui pourront* éterniser la
« guerre. J'ai des partisans; si je me pré-
« sente en conquérant, je n'en aurai plus.

« Le prince de la Paix est détesté,
« parce qu'on l'accuse d'avoir livré l'Es-
« pagne à la France; voilà le grief qui a
« servi à l'usurpation de Ferdinand; le
« parti populaire est le plus faible.

« Le prince des Asturies n'a aucune

« des qualités qui sont nécessaires au « chef d'une nation, cela n'empêchera « pas que pour nous l'opposer on n'en « fasse un héros.....

« L'Espagne a plus de cent mille « hommes sous les armes; c'est plus « qu'il n'en faut pour soutenir avec avan- « tage une guerre intérieure : divisés « sur plusieurs points, ils peuvent servir « de soulèvement total à la monarchie « entière. »

« Je vous présente l'ensemble des obs- « tacles qui sont inévitables; il en est « d'autres que vous sentirez. L'Angle- « terre ne laissera pas échapper cette « occasion de multiplier nos embarras : « elle expédie journellement des *avisos* « aux forces qu'elle tient sur les côtes

« du Portugal et de la Méditerranée;
« elle fait des enrôlements de Siciliens
« et de Portugais.

. . . .

. . . .

. . . .

« Dans l'intérêt de mon empire, je
« puis faire beaucoup de bien à l'Es-
« pagne.

. . . .

. . . .

. . . .

« Je n'approuve pas le parti qu'a pris
« Votre Altesse impériale de s'emparer
« si précipitamment de Madrid : il fallait
« tenir l'armée à dix lieues de la capi-
« tale.

. . . .

. . . .

. . . .

« Vous ferez entendre à la noblesse et « au clergé que si la France doit interve- « nir dans les affaires d'Espagne, leurs pri- « viléges et leurs immunités seront res- « pectés. Vous leur direz que l'Empereur « désire le perfectionnement des institu- « tions politiques de l'Espagne pour la « mettre en rapport avec l'état de la civi- « lisation de l'Europe, pour la soustraire « au régime des favoris... Vous direz aux « magistrats et aux bourgeois des villes, « aux gens éclairés, que l'Espagne a be- « soin de recréer la machine de son gou- « vernement, et qu'il lui faut des lois « qui garantissent les citoyens de l'arbi-

5

« traire et des usurpations de la féodalité;
« des institutions qui raniment l'indus-
« trie, l'agriculture et les arts. Vous leur
« peindrez l'état de tranquillité et d'ai-
« sance dont jouit la France, malgré les
« guerres où elle s'est toujours engagée;
« la splendeur de la religion, qui doit
« son rétablissement au concordat que
« j'ai signé avec le pape. Vous leur dé-
« montrerez les avantages qu'ils peuvent
« tirer d'une régénération politique : l'or-
« dre et la paix dans l'intérieur. Tel doit
« être l'esprit de vos discours et de vos
« écrits; ne brusquez aucune démarche.

. . . .

« J'ordonne que la discipline soit main-
« tenue de la manière la plus sévère;
« point de grâce pour les plus petites
« fautes. L'on aura pour l'habitant les
« plus grands égards; l'on respectera
« principalement les églises et les cou-
« vents.

« L'armée évitera toute rencontre, soit
« avec des corps de l'armée espagnole,
« soit avec des détachements; il ne faut
« pas que d'aucun côté il soit brûlé une
« amorce.

. . . .

. . . .

« C'est à la politique et aux négocia-
« tions qu'il appartient de décider des
« destinées de l'Espagne. »

Cependant on attribue à Napoléon l'intention secrète d'avoir voulu renverser le trône des Bourbons d'Espagne pour y placer un membre de sa famille, parce qu'il considérait « qu'il était difficile de « faire régner Charles IV : son gouver- « nement et son favori étaient tellement « dépopularisés qu'ils n'auraient pas pu « se soutenir trois mois. Quant à Ferdi- « nand, il le regardait comme l'ennemi « de la France, et c'était pour cela que « la nation espagnole le voulait comme « roi. Le laisser monter sur le trône, « c'eût été servir les factions qui, depuis « vingt-cinq ans, veulent l'anéantisse- « ment de la France. Quant à une al- « liance de famille, c'eût été un faible « lien. » Et l'on se demande encore par quel ordre secret le prince Godoy a-t-il été mis en liberté au moment où Murat commandait à Madrid, et recevait les instructions officiels que je viens de rapporter. Si l'on en croit ce que rapporte Barry O'meara (1), Napoléon lui aurait répondu à ce sujet : « Tandis que Ferdinand était à Bayonne, je lui offris la « liberté de retourner en Espagne, en « ajoutant, toutefois, qu'immédiatement « après son arrivée dans ce pays je lui « déclarais la guerre. Ferdinand refusa « de retourner dans ses états, à moins « que ce ne fût sous ma protection. « Aucune force et aucune impulsion « étrangère n'ont été employées pour

(1) *Napoléon en exil*, tom. II, pag. 129, juillet 1817.

« l'engager à signer son abdication. »

Il résulte des instructions officielles et des aveux de Napoléon à Sainte-Hélène que s'il n'eût pas obtenu les abdications de Charles IV et de Ferdinand VII, préparées d'avance en vertu du traité secret signé par Isquierdo à Fontainebleau, et imposées ensuite par la présence de quarante mille hommes à Madrid, commandés par Murat, grand-duc de Berg, un de ses lieutenants les plus déterminés, et une armée de réserve au pied des Pyrénées, appelée *libératrice*, l'Empereur des Français eût déclaré la guerre à Ferdinand, succédant à son père, parce qu'il le considérait comme étant l'ennemi de la France, et parce que, encore, en le laissant sur le trône, il eût favorisé les factions qui, depuis vingt-cinq ans, veulent anéantir la France et renverser son gouvernement impérial. Ainsi, soit par les abdications, soit par la guerre, Napoléon aurait toujours voulu détrôner les Bourbons d'Espagne pour y placer un membre de sa famille, assurer ainsi sa propre couronne, et fonder sa dynastie.

Les Espagnols, en apprenant les abdications de leurs souverains légitimes, auxquels ils ont montré, en tout temps, une vénération et un dévouement à toute épreuve, furent irrités de voir que la médiation de Napoléon et l'appui de son armée n'étaient qu'une invasion pour s'emparer de l'Espagne et leur imposer son frère Joseph pour roi, s'armèrent, hommes, femmes, enfants, vieillards, pour combattre les Français, et les chasser de l'Espagne. Leur désespoir se manifesta jusqu'à la rage et la cruauté la plus atroce.

C'est alors qu'on vit le maréchal Bessières ouvrir la campagne, et, soutenu par les généraux Frère, Lasalle, Merle, il sut, dans l'espace de quinze jours, pacifier la province de Guipuscoa, l'Alava, la Biscaye et une grande partie de la Navarre. Le général Lefebvre-Desnouettes, après avoir soumis le midi de cette dernière province, et défait les insurgés, effectua, avec le général Verdier, le blocus de Saragosse. Le général Duhesme dans la Catalogne, et le maréchal Moncey dans le royaume de Valence, ont vu leurs entreprises couronnées de succès. Malgré tous ces lauriers arrachés à l'insurrection, une armée de quarante mille hommes, partie de Galice, voulut couper la route au roi Joseph se rendant à Madrid, et le séparer de la France : c'est alors que le maréchal Bessières, à la tête de quatorze mille hommes seulement, prit position sur les hauteurs de Medina del Rio Seco, vainquit les Espagnols commandés par le général Cuesta, et s'empara de la ville. Quarante pièces de canon, six mille prisonniers, dix mille tués, les bagages et les munitions de toute cette armée, tombèrent au pouvoir des Français. Le succès de Bessières assura les communications avec le Portugal, et devint très utile aux troupes de Junot. Le cri de l'insurrection générale se fit entendre à Oporto, et les Portugais, aussi jaloux de leur indépendance que les Espagnols, oublièrent leur inimitié pour secouer le joug des Français, et les expulser de ces deux royaumes. Déjà les troupes de Junot avaient évacué les provinces du Nord.

Le 15 juillet, Murat est nommé roi de Naples, en vertu d'un décret impérial de Napoléon, en remplacement de Joseph. Le duc de Rovigo remplace le roi Murat dans le commandement général de l'armée. Les portes de Madrid sont ouvertes à Joseph, qui fait son entrée le 20 suivant au milieu d'une population consternée et soumise par la victoire à laisser le trône de leurs souverains légitimes occupé par un étranger, tandis qu'elle attend les Français sur le champ de bataille. L'Espagne, incapable de juger un bon gouvernement, n'avait aucun égard à l'abdication de son souverain, parce que les moines et le clergé, qui n'avaient cessé de la dominer, voyaient leurs intérêts détruits par cette révolution politique. Joseph fut donc réduit à conquérir pour régner.

La honteuse capitulation d'Andujar, signée par le général Dupont, préférant ses bagages à l'honneur de ses armes, excita l'indignation de la France et l'exaltation de l'Espagne ; elle porta le coup le plus terrible à la cause de Napoléon. Le bruit de cette commotion morale frappa l'attention des cabinets, et retentit jusqu'aux oreilles des quinze mille soldats de la Romana au service de Bernadote. La Romana veut secourir sa patrie, trompe Bernadote et Napoléon lui-même dans son attente, et s'embarque sur des bâtiments anglais avec la moitié de son petit corps d'armée. Castanos, en obtenant la capitulation du général Dupont, rendit un grand service à la cause espagnole, mais la clause de conserver à chacun des généraux une voiture et un fourgon sans être soumis à une visite, fut non seulement annulée par les soldats des deux armées, mais encore rejetée par la junte suprême de Séville qui, sans respect pour le droit des nations, osa violer le droit des gens, et décida que l'armée de Dupont, forte de vingt-six mille hommes, soldats et officiers, au lieu d'être conduite à Rochefort, restera renfermée dans les pontons de Cadix, cachots infects inventés par la philantropie britannique pour surpasser en tortures et en privations celles qu'on éprouve dans les bagnes du crime. La violation du traité d'Andujar produisit une réaction telle que le peuple prononça le mot D'EXTERMINATION. On vit alors disparaître le prestige de nos armes invincibles, et notre armée fut privée de la moitié de sa force. Le trône de Joseph doit enfin succomber aux attaques d'une guerre à outrance. Huit jours s'étaient à peine écoulés, et Joseph est réduit à quitter Madrid le 1er août pour se rapprocher ainsi des frontières de France.

Une armée anglaise, sous les ordres de sir Arthur Wellesley, depuis duc de Wellington, avait débarqué à Leyria, ville forte, près Peniche, à trente lieues de Lisbonne, et vint se joindre à l'armée portugaise composant ensemble une force de vingt-six mille hommes. Wellesley marche sur Vimiera, attaque et défait Junot à la tête de dix mille hommes, et après cinq heures de combat. N'ayant pu s'emparer de la position des Anglais, ni les obliger à se rembarquer, Junot garda une attitude si imposante qu'elle amena une armistice. Les vingt mille hommes qu'il commandait ne pouvaient lutter avec succès contre les trente mille soldats anglais, mais Junot signa l'honorable capitulation de Cintra. D'après ce traité, l'armée française doit évacuer le Portugal, et sera transportée en France avec toute son artillerie et ses bagages sur des bâtiments anglais. L'armée de Junot, quoique vaincue, est respectée du vainqueur, et traitée avec les égards et l'admiration qu'on doit au courage malheureux. Aussitôt rentrée en France, elle sera libre de se représenter sur le champ de bataille. Quelle différence de conduite entre Junot et Dupont!... tant il y a loin de l'honneur à l'infamie.

Tandis que l'armée du roi Joseph ne conserve plus que Barcelonne, la Navarre, la Biscaye et l'Alava, l'insurrection espagnole se réjouit du premier succès des Anglais qui auraient été tués ou mis en fuite trois mois plus tôt par les troupes de Napoléon. Telle fut l'influence des actes impolitiques de Murat.

Mais en attendant que l'honneur de nos armes soit réparé en Espagne, des événements importants viennent détourner un instant l'attention de l'Europe. Sélim, après dix-sept ans de règne sur le trône ottoman, fut déposé par les janissaires, remplacé par Mustapha IV, et étranglé dans le sérail au moment où le fidèle Barayctar, à la tête de huit mille hommes, entre dans Constantinople, convoque les muphti, les ulémas, les ministres, prononce la déchéance de Mustapha, et redemande le sultan Sélim. Barayctar, en voyant le corps inanimé de son maître, déplore amèrement sa perte et l'inonde de ses larmes. Mais bientôt après avoir déposé Mustapha, proclamé empereur Mahmoud, cousin de Sélim, avoir fait trancher la tête aux partisants de Mustapha, il devient victime d'une conspiration ourdie par les janissaires dont il n'a cessé de poursuivre la réforme en donnant la préférence aux seymens. Les janissaires attaquent ceux-ci et en font un horrible carnage. Le courageux Barayctar prévoit sa perte en voyant la victoire aux mains de ses ennemis. Il ordonne la mort de Mustapha, et il met fin à ses jours en se faisant sauter par un amas de poudre qu'il a caché tout exprès dans son palais.

Cet épisode funeste, arrivé en **1808**, fixa peu les regards de l'Europe, parce que la Turquie n'avait pas encore toute l'importance d'une convoitise. Cependant nous avons à regretter la perte de Sélim et de Barayctar, dont la fermeté et les talents les rendirent victimes d'une réforme utile.

Les affaires du nord, celles de Prusse et celles de Paris avaient rappelé Napoléon dans sa capitale. Les deux empereurs, depuis le traité de Tilsitt, avaient promis de se revoir avant la fin de l'année. Leur entrevue était devenue indispensable depuis les événements survenus en Espagne, le débarquement des Anglais dans la Péninsule, la saisie d'une flotte russe dans le Tage, et envoyée comme dépôt en Angleterre jusqu'à la paix des deux nations. Quelques difficultés avaient été réglées comme conséquences du traité de Tilsitt entre la Prusse et la France au sujet de la réduction de l'armée prussienne, et du paiement des contributions de guerre et des arrérages. Il importait à la politique que Napoléon et Alexandre fixassent leur attention sur les préparatifs de guerre, les plans d'invasion, d'insurrection, de défense, de dévastation, conçus par l'Autriche au mois de juin 1808. Elle avait ordonné la conscription et le service de la garde nationale. Elle avait organisé les landwehrs, et ordonné les landsthurms, ou levées en masse. L'Autriche pouvait porter son armée à huit cent soixante mille hommes au moins, sans compter une insurrection permanente de quatre-vingt mille hommes; tous ces préparatifs annonçaient une guerre imminente entre ces deux États, malgré la bonne harmonie qui existait entre l'Autriche et la France.

L'Angleterre, saisissant toujours avec avidité les occasions de susciter un ennemi à la France, avait conseillé à l'Autriche, lors des événements de Bayonne, de soutenir ses prétentions au trône d'Espagne, comme ayant droit à l'héritage de l'empereur Charles VI, de la branche d'Autriche allemande, qui se rendit en Espagne du vivant de son frère pour disputer la couronne à Philippe V. Déjà l'Angleterre avait fait accepter des subsides à l'Autriche.

Tandis que le gouvernement autrichien cherchait, par ses réponses évasives, à éluder les questions positives que leur avait adressées le gouvernement français au sujet de ses préparatifs de guerre, Napoléon recommandait aux princes de la confédération *de préparer leurs contingents pour éviter une guerre sans motifs,* tout en faisant voir à l'Autriche qu'on était prêt à la soutenir. C'est au moment où la fortune de Napoléon éprouve des revers en Espagne, où la France compte douze armées, celle de Pologne, celle de Prusse, celle de Silésie, celle de Danemarck, celle de Dalmatie, celle d'Albanie, celle d'Italie, celle de Naples, celle d'Espagne, et des armées de réserve à Boulogne, sur le Rhin, et dans l'intérieur, que l'Autriche, excitée par l'Angleterre, veut faire la guerre à la France. Aussi, le sénat comprenant le péril qui nous menaçait, vota, dans sa séance du 14 septembre **1808**, une levée de cent soixante mille hommes. Avant de commander l'armée d'Espagne en personne, Napoléon se rendit à Erfurt pour avoir une entrevue avec l'empereur Alexandre. Tous les princes de la confédération, à l'exception du roi de Prusse et de l'empereur d'Autriche, avaient suivi Napoléon dans cette résidence, et on les voyait tout resplendissants de l'éclat de la souveraineté du grand homme qui les protége. Des fêtes, des spectacles célébrèrent la présence des deux empereurs au milieu d'une cour très brillante. On représenta *OEdipe* et la mort *de César*. L'Empereur des Français, aussi brave que fidèle à ses traités, crut de bonne foi à la sincérité affectée de l'empereur Alexandre, au moment où Philoclète, en parlant d'Hercule, prononce ce vers :

L'amitié d'un grand homme est un bienfait des dieux.

Et lorsqu'il lui serra fortement la main en disant à haute voix : « *Je l'éprouve tous les jours.* » On donna deux fois la représentation de la *Mort de César* : la première à Erfurt, et la seconde à Weymar, sans que Napoléon s'aperçût que c'était une allusion imaginée par tous les souverains présents, conspirant en secret, malgré tous leurs traités, pour épuiser les ressources de la France, fatiguer le génie de ce grand capitaine, lasser la victoire en sa faveur, et le renverser du haut de sa puissance. Mais toute allusion cessa lorsqu'il alla visiter le lendemain de ces fêtes le champ de bataille d'Iéna, où le grand-duc de Saxe-Weymar avait été battu; où le roi de Prusse, l'allié de l'empereur Alexandre, avait perdu sa couronne; où l'électeur de Saxe, allié de la Prusse, avait obtenu de Napoléon la dignité royale. Il n'y avait que de la honte pour les princes présents, et de la gloire pour Napoléon. On attribue l'origine du *tuguendbund* prussien, *Société de la Vertu*, véritable landwehr politique dont les ramifications s'étendent notamment dans toute l'Europe, au refus que Napoléon fit à Wieland et à Goëthe, dans leur audience particulière, de favoriser la réorganisation de la patrie allemande luthérienne; Napoléon voulut respecter la foi du traité de Tilsitt.

L'entrevue d'Erfurt avait un tout autre but que de recevoir les hommages de rois et de princes souverains. Napoléon n'avait en vue, pour prix de sa politique et de ses victoires, que de conclure la paix générale. Ce n'étaient ni l'Espagne ni le Portugal, ni le Wurtemberg, ni la Bavière, ni la Prusse, dont la possession lui parut nécessaire pour affermir son trône; car il savait bien que l'Espagne et le Portugal, occupés par ses troupes, n'étaient que des gages pour garantir la paix avec la perfide et l'ambitieuse Albion. La lettre que les deux empereurs écrivirent d'Erfurt, le 12 octobre, au roi d'Angleterre, le prouve suffisamment. Mais la réponse du ministre anglais, tout en affectant les mêmes principes de modération et d'humanité que Napoléon et Alexandre, se retranche dans des engagements conclus avec les rois de Portugal, de Sicile et de Suède, et avec le gouvernement espagnol pour éluder de concilier les intérêts des peuples, assurer la paix et le bonheur de l'Europe, tant le *divide* et *impera* est nécessaire à sa politique pour dominer comme puissance.

Quoique la lettre de Napoléon à l'empereur François fut toute empreinte de sagesse et de loyauté, ce prince, entraîné de nouveau par la politique de l'Angleterre, n'en continua pas moins ses armements; et, piqué comme le roi de Prusse de n'avoir point été appelé à l'entrevue d'Erfurt, il ne reconnut pas le roi Joseph, malgré la promesse qu'il en avait faite par M. de Metternich, à Paris.

Napoléon arrive en Espagne où la victoire le suit, et les batailles de Burgos, d'Espinosa, de Tolède, de Sommo-Sierra, la prise de Madrid, la capitulation de Roses honorent à jamais l'habileté des généraux et la valeur des soldats français. Les Anglais fuient à la présence de Napoléon qui marche au devant d'eux, et ces éternels instigateurs ne trouvent leur salut qu'en se réfugiant sur les quatre cents bâtiments qui les attendent. Ils prévoient la conquête de l'Espagne, et déjà ils ont fait entendre leurs alarmes à l'Autriche, leur alliée. Napoléon apprend positivement à Astorga que l'Autriche fait des préparatifs de guerre, et que des intrigues sourdes se fomentent à Paris. Il quitte Astorga, et laisse le duc d'Elchingen pour appuyer le duc de Dalmatie. Enfin la Corogne capitule, l'armée anglaise, avant sa fuite, est réduite aux deux tiers par les échecs qu'elle a reçus, et les forces des Espagnols ne se composent que de débris sans garnison. Dans toutes les provinces, les opérations des Français sont couronnées de succès. Beaucoup de grandes villes, entre autres Madrid et Valadolid, étaient déjà soumises au pouvoir du roi Joseph, et lui avaient prêté serment. Si Napoléon n'eût pas été appelé à soutenir une nouvelle guerre contre l'Autriche, il eût conquis et pacifié l'Espagne et ruiné l'Angleterre sur le continent. Son unité d'action dans le commandement sur ses généraux a manqué par son absence, et jaloux les uns des autres, ils aimaient mieux se nuire que de servir l'honneur de nos armes. Après le départ de Napoléon, on vit bien le duc de Dalmatie soumettre le Ferrol, s'emparer de onze vaisseaux de ligne, de trois frégates, et de quinze cents pièces de canon, marcher sur Oporto ; le maréchal duc de Montebello, après un siége de huit mois des plus longs et des plus meurtriers, combattre de rue en rue, de maisons en maisons dans la ville de Saragosse, vaincre la courageuse résistance des habitants, ne cédant qu'avec la dernière muraille, et s'emparer de cette grande ville de l'Aragon qui n'offrit au vainqueur que des cadavres et des monceaux de ruines. On vit aussi le général Gouvion Saint-Cyr, vainqueur au combat de Vels, le général Sébastiani gagner la bataille de Ciudad-Réal, le duc de Bellune défaire complétement le général Cuesta, le duc de Dalmatie prendre Chaves, en Portugal, se rendre maître du champ de bataille de Lanhoso et d'Oporto, où vingt mille Portugais périrent sous les murs de cette ville. Le prestige du génie de Napoléon animait encore les soldats français, mais plus tard il ne fallut pas moins évacuer le Portugal et l'Espagne, malgré le sacrifice de plus de quatre cent mille hommes, l'élite de nos armées, et des trésors de la France. Est-ce à l'impolitique de Murat dès l'origine de l'occupation et à la jalousie des généraux, ou à la coalition secrète et permanente des souverains de l'Europe, malgré leurs traités, qu'il faut attribuer nos revers en Espagne, et enfin notre évacuation? En **1706**, **1707** et **1710**, on a vu les Anglais combattre les Français sur le sol espagnol comme en **1808**. Ils appuyaient le comte de Stharemberg pour défendre les intérêts autrichiens; mais lord Galloway, comme Stanhope, n'eurent pas le bonheur de lord Wellesley, depuis duc de Wellington, et furent battus et pris par le duc de Berwick, réfugié anglais, et par le duc de Vendôme qui termina cette guerre.

Si la gloire et le succès des armes de Louis XIV ont excité les craintes et la jalousie de presque toute l'Europe à l'occasion de la succession de Philippe V, qui se termina en Espagne en **1710** par la victoire de Villa-Viciosa, en fixant Philippe V sur le trône, après une guerre générale qui dura treize ans, la gloire, le génie de Napoléon vainqueur de tant de rois, et ayant un million d'hommes sous les armes, toujours redoutés, et toujours chéris de la victoire, auraient dû triompher comme Louis XIV, et assurer le trône de Joseph Napoléon, son frère; mais, je le répète, le prestige de sa présence, l'unité d'action que l'Empereur imprimait à ses généraux comme à ses soldats ont manqué pour terminer la guerre de cette succession des Bourbons en Espagne; et tandis que les puissances conjurées l'occupaient en Allemagne, en Pologne, en Russie, on était certain qu'il n'y aurait pas assez d'union, de soumission et de confiance entre les généraux, officiers et soldats français en Espagne pour obtenir le même succès que le duc de Vendôme.

Tandis que la guerre de la Péninsule était destinée à des revers aussi funestes pour la France, la cinquième coalition commence. Les esprits en sont tellement absorbés qu'ils ne sont nullement émus à la nouvelle de la révolution de Suède opérée sans verser une seule goutte de sang. Gustave Adolphe IV, ayant voulu jouer le rôle de Charles XII, *au petit-pied*, et continuer une politique désastreuse, insensée, est forcé d'abdiquer, et les Suédois donnèrent leur consentement unanime à sa déchéance. Cet événement important échappe à l'attention des souverains préoccupés du cri de guerre que l'Autriche vient de faire entendre au sein de la Bavière et du Wurtemberg.

La campagne de la cinquième coalition s'ouvrit par les batailles de Thann, d'Abensberg, le combat de Landshut, la bataille d'Eckmühl, où le maréchal Davoust se couvrit de gloire en mettant en fuite les cent dix mille hommes commandés par l'archiduc Charles, le plus habile général de l'Autriche, en lui faisant vingt mille prisonniers, et en s'emparant d'une grande quantité d'artillerie et de quinze drapeaux. Ce brillant trophée lui valut le titre de prince d'Eckmühl.

La prise de Ratisbonne par le duc de Montebello, les combats de Lauffen, de

Saltzbourg et d'Ebersberg, où le duc de Rivoli, à la tête sept mille hommes, s'empara d'une position formidable défendue par trente-cinq mille hommes commandés par le général Hiller, qu'il mit en fuite ; tous ces nouveaux et brillants succès conduisirent Napoléon devant la capitale de l'Autriche. L'archiduc Maximilien fit de vains efforts pour la défendre, quinze députés à leur retour de Schœnbrunn furent tués par leurs propres concitoyens qui redoublèrent le feu des remparts à leur approche. Un pont fut jeté sur un bras du Danube, et la construction en fut protégée par quinze pièces de canon. La promenade du Prater est occupée, une batterie de vingt obusiers, établie à cent toises de la place, lance en moins de quatre heures dix-huit cents obus dans la cité, qui bientôt est en proie à la fureur des flammes. Napoléon apprend que l'archiduchesse Marie-Louise est malade dans le palais, et que son frère Maximilien va l'abandonner. Un noble sentiment de générosité détermine le vainqueur d'Austerlitz et d'Iéna à changer la direction des batteries pour ménager l'état de souffrance de la jeune princesse, et il devient, sans l'avoir prévu, le protecteur de l'archiduchesse qu'il doit épouser l'année suivante. Quoi qu'il en soit, l'archiduc désespérant de reprendre le Prater, et craignant d'un moment à l'autre la présence des Français pour couper la retraite, ordonne de prendre la fuite, et repasse les ponts.

Une nouvelle députation de quinze personnes, en partie membres des États, est favorablement accueillie à Schœnbrunn par Napoléon. Le lendemain, la capitulation de cette grande ville est remise entre les mains du général Andréossy, nommé gouverneur de Vienne.

Devenu maître de la capitale de l'Autriche, Napoléon prend ses dispositions pour arriver à la difficile conquête du Danube, et terminer la campagne par quelque bataille décisive. L'empereur d'Autriche est à Znaym, ville royale, située agréablement sur une montagne dont le pied est arrosé par la Taya, et où l'on remarque le château et la riche abbaye de Luka. Napoléon est à Vienne avec les corps des ducs de Rivoli et de Montebello, du général Oudinot, et la garde impériale. Le corps du duc d'Auerstaedt occupe Vienne et Saint-Polten; le prince de Ponte-Corvo reste à Lintz, ayant une réserve à Passau; le duc de Dantzick à Inspruck. On construit des ponts; les îles, dont la principale se nomme Lobau, servent à les appuyer, et l'armée passe le Danube. L'île de Lobau devient une grande place d'arme destinée à protéger l'occupation de la rive gauche. Le quartier-général de l'archiduc Charles est à Ebersdorf; Napoléon occupe la ferme de la Tuilerie. L'armée autrichienne est forte de quatre-vingt-dix mille hommes, et l'armée française n'en a que trente mille. Masséna est chargé de la défense d'Aspern, et Lannes de celle d'Essling. Ces deux villages sont pris et repris cinq ou six fois. Après plusieurs combats acharnés où les soldats comme les généraux se couvrent de gloire, où l'archiduc comme Napoléon ne craignent pas de s'exposer au milieu des plus grands périls pour gagner la victoire, la mort, en frappant le brave général Saint-Hilaire et le maréchal Lannes, l'ami et le compagnon d'armes de Napoléon, et dont les deux genoux furent fracassés par un boulet, vint empêcher le succès qu'on eût tiré de la bataille d'Essling. Cependant l'armée est mise à couvert sur la rive droite du Danube, et tandis que Davoust se charge d'y retenir l'archiduc Charles, et Masséna de conserver l'île de Lobau, Napoléon, malgré la nuit la plus orageuse, entre dans une nacelle avec Berthier pour aller consoler, sur la rive droite, le corps de Davoust de n'avoir pas pu participer à la bataille d'Essling. Cependant l'armée fit sa retraite, et les Autrichiens la leur aussi, en reprenant les positions qu'ils occupaient la nuit précédente.

Dès ce moment s'ouvrit la fameuse campagne de Pologne, en 1809, sur un théâtre dont la vaste étendue n'offre pas d'exemple dans les fastes militaires de l'histoire moderne, si ce n'est en 1812, où il s'agrandit encore davantage, et les luttes contre l'Autriche dans les Etats héréditaires, en Pologne, dans le Tyrol, en Italie, en Dalmatie; en Belgique, en Espagne, en Portugal par l'instigation de l'Angleterre; dans les colonies françaises ; contre des partis organisés dans le nord de l'Allemagne ; à Rome contre les foudres du Vatican, à cause de la réunion des États-Romains à la France ; à Paris contre une conjuration domestique ; tous ces périls vinrent mettre à l'épreuve la fortune et le génie de Napoléon, et le rendre responsable aux yeux de la France.

Cependant le prince Joseph Poniatowski se distingua à Raszyn à la tête des douze mille hommes du roi de Saxe, grand-duc de Varsovie, contre les trente-cinq mille hommes commandés par l'archiduc Ferdinand. Ce combat lui valut une capitulation des plus honorables pour la ville de Varsovie. Ses talents et son courage ranimèrent le patriotisme polonais, déjouèrent les intrigues de l'Autriche. Il ne tarda pas à reprendre l'offensive, vainquit un corps autrichien, campé à Ostroweck, lui fit deux mille prisonniers, s'empara de trois canons et de deux drapeaux. Si le royaume de Pologne eût été alors rétabli dans son entière indépendance, les cours de Vienne, de Berlin et de Pétersbourg auraient cessé d'être unies par l'espoir d'un démembrement, et la Pologne reconnaissante serait restée pour toujours l'amie de la France, l'alliée de la Prusse et de l'Autriche, et aurait contenu la Russie dans ses vastes et obscures limites. Que de malheurs on eût évité!...(1) Quoi qu'il en

(1) Aujourd'hui que la Pologne tout entière

soit, les lieutenants de Napoléon surent dompter les insurrections de Wesphalie, de Prusse, du Tyrol, du Voralberg, excitées par les partis organisés les uns par l'Autriche, par le Pape, et les autres par les perfides Anglais. Le prince Eugène, vice-roi d'Italie, dont l'armée était inférieure en nombre, sut réparer la défaite de Sacile, en atteignant l'archiduc Jean sur la Piavre, en lui tuant dix mille hommes, et en lui prenant quinze pièces de canon. Enfin Napoléon gagna la célèbre bataille de Wagram, où cinquante

est au pouvoir de la Russie, l'union a cessé, les vues politiques sont différentes, et l'on verra une certaine puissance aller faire la guerre à l'occident de l'Europe, à travers les États de l'Allemagne.

mille hommes restèrent sur le champ de bataille, trente pièces de canon, plusieurs drapeaux; vingt mille prisonniers tombèrent au pouvoir des Français. Mais l'armée eut à déplorer la perte des généraux Lasalle, Gauthier, Lacour, et sept colonels. Le maréchal Bessières et vingt généraux reçurent des blessures. Napoléon nomma Macdonald maréchal, ainsi que Marmont et Oudinot. Napoléon ordonna la dissolution du neuvième corps d'armée commandé par le prince de Ponte-Corvo, pour s'être attiré de justes reproches à Austerlitz, à Auerstaedt, où il laissa Davoust se battre seul contre le roi de Prusse, après la bataille d'Essling, à Wagram, à Aderklaa dont il abandonna le poste important.

La victoire de Wagram fut suivie de l'armistice de Znaïm, accordé par Napoléon, malgré l'avis de son conseil, et négocié par le prince Jean de Lichtenstein, tandis que l'Autriche négociait la paix à Altembourg en cherchant à temporiser pour contenir l'armée française, et transporter le théâtre de la guerre en Bohême, et l'insurrection partout à l'aide de l'or de l'Angleterre.

Les récompenses justement méritées par les chefs comme par les soldats vinrent après la victoire. L'Empereur nomma Berthier prince de Wagram, Davoust, prince d'Eckmühl; Masséna, prince d'Essling, et déjà nommé duc de Rivoli à cause de sa belle victoire de Zurich. Des dotations furent accordées aux amputés, des pensions aux veuves des soldats morts sur le champ de bataille, et un obélisque portant cette inscription : *Napoléon au peuple français*, dut être érigé sur le terre-plain du Pont-Neuf où l'on voit aujourd'hui la statue équestre de Henri IV, pour consacrer le souvenir de cette victoire décisive.

Les conférences d'Altembourg, prolongées avec adresse par le comte de Metternich comptant sur la foi des Anglais, interrompues, un instant, par l'attentat du jeune Stabs contre Napoléon, amenèrent enfin la paix de Vienne dont la conclusion fut due à l'habileté et aux talents du duc de Bassano.

L'Autriche perdit quatre millions de sujets; la Saxe fut agrandie, dans son duché de Varsovie, de un million huit cent mille habitants, la Russie en obtint quatre cent mille dans l'est de la Galicie; et le reste, composé de Saltzbourg, de districts sur l'Inn, de la moitié de la Carinthie, de toute la Carniole, de Trieste, Fiume et la Croatie, demeure à la disposition de l'Empereur Napoléon, qui, le combinant avec ce qu'il conserve de la guerre de Prusse, le distribue parmi ses alliés, suivant sa politique et leurs intérêts respectifs, soit en accroissant ou en échangeant leurs territoires, ou bien encore en créant des états nouveaux. Le cabinet de Vienne s'engageait aussi à reconnaître tous les changements présents et à venir en Espagne, en Portugal et en Italie, et il adhérait au système continental. L'Autriche, dépouillée de ses frontières défensives et offensives n'avait pu consentir à signer un traité aussi affligeant qu'en voyant nos forces s'accroître successivement au milieu des négociations. La paix fut signée sur le papier, et la guerre gravée au fond du cœur.

Napoléon, couvert de nouveaux lauriers, retourne en France, arrive à Fontainebleau, fait prononcer son divorce avec l'Impératrice Joséphine, qui se soumet à la nécessité; il célèbre ensuite son mariage avec l'archiduchesse Marie-Louise d'Autriche pour assurer un héritier à sa dynastie, et le consacre par des fêtes magnifiques où le conquérant se plaît à répandre la pompe et l'éclat de toutes ses richesses, où les rois, les princes et les guerriers les plus illustres de cette époque, tels que les Berthier, les Moncey, les Jourdan, les Soult, les Mortiers, les Davoust, les Victor, les Macdonald, les Oudinot, les Marmont, les Suchet, les Gouvion Saint-Cyr s'empressent à servir de cortége brillant au vainqueur de tant de rois. Tandis que Napoléon donne des fêtes pour se réjouir de son alliance avec la maison d'Autriche, le roi de Prusse, tout flétri du traité de Tilsitt, quitte sa retraite de Memel pour remonter sur son trône, désormais placé sous la protection de l'empereur Alexandre.

Après leur mariage, l'Empereur et l'Impératrice partirent pour visiter le canal de Saint-Quentin, Cambrai, Anvers, Bruxelles, les côtes septentrionales de l'Empire et les derniers départements réunis. Partout la joie et l'allégresse accompagnèrent leurs pas, partout on entendit le cri de paix se confondre avec les bénédictions des peuples.

La Suède, en accédant au blocus continental, reçut la restitution de la Poméranie pour récompenser sa soumission.

Comme le maintien de ce système était une nécessité absolue, et la condition *sine quâ non* des souverains de l'Europe, d'occuper ou de renoncer au trône, afin de réduire à la paix les perfides Anglais, le prince Louis, convaincu que la Hollande ne pouvait rester fidèle au blocus qu'en renonçant à son indépendance et à son commerce; et les provinces maritimes, cédées en vertu du traité du 16 mars, ne pouvant pas suffire à contenter la tyrannie de Napoléon, ce prince préféra déposer sa couronne plutôt que de ne pas remplir dignement les devoirs d'un roi.

Et tandis que le prince Louis Bonaparte se résigne noblement à n'être plus qu'un des premiers sujets de l'Empire, le maréchal prince de Ponte-Corvo est élevé au rang de prince royal de Suède par la volonté du roi Charles XIII, des Etats, et du consentement de l'Empereur Napoléon qui ne s'en souciait guère. Si l'un des légitimes prétendants à cette couronne eût été préféré, les événements de 1812, 1813 et 1814 n'eussent peut-être pas eu lieu.

La bravoure de Murat, toujours impatiente de combattre, au lieu d'écouter les prudents conseils de Napoléon, l'exposa à être battu par les Anglais dans l'expédition de Sicile, et cette défaite lui coûta 8,000,000 de fr. et douze cents hommes. Néanmoins le but de cette campagne était moins la conquête de la Sicile qu'une diversion nécessaire pour empêcher les implacables ennemis de la France d'envoyer de nouvelles troupes en Portugal, où la campagne, ouverte au mois de mai, offrit au maréchal prince d'Essling l'occasion de déployer sa bravoure et ses talents, et ayant sous ses ordres les maréchaux Ney, Suchet, le généraux Reynier et Montbrun.

Astorga, Cindad-Rodrigo, Almeida assiégés se rendirent à nos armes. Mais Masséna, surnommé l'Invincible, voulut commencer ses opérations avant d'avoir réuni soixante mille hommes, conformément aux ordres de Napoléon. Il s'avança sur Busaco, se dirigeant sur Lisbonne dont il devait s'emparer. N'ayant que quarante-cinq mille hommes, il voulut attaquer de front, au lieu de tourner la position de lord Wellington à la tête de cent quatre-vingt-cinq mille hommes, et, cette fois, ses armes trahissant son courage, il fut battu, laissant sur le champ de bataille trois mille morts et autant de blessés à Coïmbre. C'est en vain que luttant contre la fortune il voulut néanmoins marcher sur Lisbonne; il échoua devant une triple enceinte de défense établie par Wellington en avant de la capitale. La retraite du général en chef était devenue nécessaire, le maréchal Ney la protégea par de brillantes manœuvres, et la campagne de Portugal, en 1810, où l'on vit quarante mille Français tenir en échec cent vingt mille Anglo-Portugais pendant sept mois, honorera toujours la mémoire du maréchal Masséna malgré sa défaite.

A cette époque, l'invasion des Français en Espagne fut couronnée de succès. Dans le midi, le maréchal Soult, vainqueur à Ocana, commandait l'armée du roi Joseph, et se rendit bientôt maître de Séville; le général Sébastiani mit en déroute l'armée espagnole sous les murs de Grenade, et s'empara de Malaga; le maréchal Victor, duc de Bellune, et l'amiral Rosilly bloquèrent Cadix, tant par terre que par mer, et six cents officiers français, prisonniers de la capitulation de Baylen, et détenus sur les pontons, inspirés à la vue du drapeau de leur nation, sentirent leur courage se ranimer : aussitôt ils s'emparent d'un mauvais bâtiment, traversent le feu de l'ennemi pour sauver leur liberté, et vont se ranger sous les aigles du maréchal Victor qui les reçoit avec des transports de joie.

Mais dans le nord, la résistance des places fortes de la Catalogne et du royaume de Valence ralentissait les progrès de la guerre. Néanmoins le général Souham défit le général O'Donnel au combat de Vich; le maréchal Suchet, après dix-sept jours de tranchée, fit capituler la forte place de Lérida. Mequinenza se soumit aussi à la gloire de nos armes, et tandis que les Espagnols répandent leur sang pour conserver leur indépendance, et repousser le roi que leur imposent les armées de Napoléon, une nouvelle calamité vient les frapper : le continent espagnol de l'Amérique déclare se séparer de la métropole, et proclame le gouvernement fédératif de Venezuela, à l'exemple des États-Unis, dont l'indépendance fut malheureusement soutenue par les troupes de Louis XVI.

Partout où Napoléon portait ses armes, partout il se couvrait de gloire et de lauriers. Cette prospérité excitait l'envie, faisait craindre une ambition sans bornes, menaçant sans cesse le sort des empires; et les souverains de l'Europe, instigués par le cabinet de Saint-James, écoutaient ses perfides conseils, au lieu de se pénétrer de l'intérêt d'une paix générale au détriment de l'Angleterre, le vampire des nations. C'est ainsi qu'au sein de la paix et des garanties du traité de Tilsitt, l'empereur Alexandre préparait ses immenses ressources militaires, rappelait ses divisions de la Courlande, les portait sur la Dwina, et celles de l'armée du Danube sur le Haut-Dniester; il dirigeait une grande partie de ses troupes sur la Pologne, il permettait de plus en plus l'entrée des marchandises anglaises, et, pour ajouter encore à la violation du traité de Tilsitt, il prohibait l'entrée des produits de fabrique française. Napoléon, instruit de ces mouvements et de ces infractions, feignit de ne pas les connaître, et continua ses relations amicales avec l'empereur

Alexandre, tandis que les cortès assemblées à Cadix le 25 septembre 1810, composées de cent cinquante députés au lieu de deux cent huit prescrits pour représenter les trente-deux provinces, observaient les événements d'un œil attentif, sans se livrer avec une confiance aveugle aux suggestions du cabinet britannique.

Malgré le succès des Français, les cortès comptaient encore des forces assez considérables, composées de l'armée régulière et d'un grand nombre de guérillas commandées par des chefs hardis et courageux, tels que Mina, dans la Navarre et dans l'Aragon; Porlier, dans la Galice; l'Empecinado, el Medico, Duran dans les montagnes de la Castille et de l'Aragon; Santo Childes dans le royaume de Léon;

Julian, Sanchez près de Salamanque ; le baron d'Eroles et Rovirac dans les montagnes de la Catalogne et de l'Aragon, Castanoz, et plusieurs autres dans celles de Ronda et de Murcie.

Mais c'était moins les lauriers à cueillir, les victoires à remporter que les cortès cherchaient à obtenir par le patriotisme et le courage des Espagnols ; c'était plutôt le désir d'éviter l'effusion du sang, les désastres et la ruine des familles, et peut-être aussi de se débarrasser des Anglais, qui porta la régence de Cadix, au mois de mai **1810**, à inviter secrètement le duc d'Orléans, *au nom de la liberté*, résidant alors à Palerme, à venir prendre le commandement général de la Catalogne, et que ce prince accepta.

Les cortès manquèrent d'énergie et d'indépendance nationale en cédant au renvoi du duc d'Orléans exigé par le cabinet britannique. Comme Bourbon, son devoir était d'accepter dans l'intérêt de l'héritier de Philippe V, lequel s'alliait si bien, malgré les abdications, avec le vœu de la majorité des Espagnols. Ce prince eût été le protecteur de la couronne légitime ; sa présence à la tête des armées eût rallié tous les partis, ranimé le principe de la légitimité jusqu'à l'exaltation, et tous les Espagnols, sans exception, eussent marché comme un seul homme pour exterminer ou chasser l'usurpation. Mais le cabinet anglais a toujours aimé les guerres extérieures et intestines pour offrir ses funestes subsides, afin d'obtenir des traités avantageux. Il n'eût donc pas fallu craindre les menaces de l'envoyé britannique, rester nation courageuse contre l'invasion, et l'épée du duc d'Orléans dans la balance eût alors été d'un grand poids dans les destinées de l'Espagne.

Le maréchal Soult et le général Suchet luttèrent de gloire et de brillants succès pour soutenir l'honneur des armées d'invasion pendant la campagne de 1811. La reddition de Tortose, la capitulation de la ville d'Olivenza, celles de Badajoz, la perte de deux armées espagnoles, la prise de vingt-deux mille hommes, la retraite forcée de Willington et de Beresford, en Portugal, au sujet de siége de Badajoz, en présence des maréchaux Soult et Marmont, la prise de Murcie furent les nouveaux trophées obtenus par l'habileté et le courage du maréchal Soult pendant cette campagne.

Le général Suchet poursuivit le cours de ses brillants exploits. Il marche sur Taragone, et après cinquante-six jours de siége et cinq assauts, il s'empare de la ville, fait dix mille prisonniers, et livre la ville aux pillage. Cette victoire lui valut son bâton de maréchal. Mais bientôt il défait de nouveau les généraux Blake et O'Donnel, gagne la bataille de Sagonte ou de Murviedo qui le rend maître de la ville de Sagonte, des routes de Valence, de Barcelone, de Saragosse et de l'est de la Péninsule. Enfin, la ville de Valence tombe en son pouvoir, ainsi que les approvisionnements des insurgés, dix-huit mille hommes commandés par dix généraux, neuf cents officiers, et quoique cette ville fût défendue par quatre cents pièces de canon. Cette billante victoire lui mérita le titre de duc d'Albufera, avec le don du riche domaine de ce nom, voisin de son triomphe.

Deux ans encore de blocus continental, et l'Angleterre était aux pieds de la France, demandant humblement la paix. C'en était fait de ses intrigues, de ses combats auxiliaires et de ses sacrifices ! Elle le sentit, et elle conçut l'idée gigantesque de placer le vainqueur de tant de rois entre deux peuples asservis au midi et au nord de l'Europe, de faire épouser la cause de l'Espagne par la Russie, de faire celle-ci l'alliée de celle-là, afin d'affaiblir les forces de Napoléon en les divisant pour se défendre. C'est toujours ce machiavélisme du *divide* et *impera*. En armant ces deux puissances contre ce grand capitaine, elle espère qu'il lassera la victoire, et qu'exposé à d'imminents périls, son trône, tout rayonnant de gloire et couvert de lauriers, sera enfin renversé par les désastres de la guerre.

La réunion du duché d'Oldembourg, appartenant au beau-frère de l'empereur Alexandre, servit les perfides desseins de l'Angleterre. Ce duché offre un à jour, un espace par où peut s'échapper le système hermétique continental, et Napoléon ne craint pas d'en ordonner la réunion comme conséquence de son système. L'Angleterre l'apprend avec joie, et saisit cette circonstance pour offrir ses insidieux conseils au cabinet de Saint-Pétersbourg.

La naissance du roi de Rome vient combler de joie Napoléon, et fixe un moment toute son attention; mais Marie-Louise l'avait enfanté douloureusement: il semblait que ce rejeton, qui comblait les vœux de deux grandes monarchies, ne devait pas être un gage d'union pour elles, car la nature s'opposait à donner le jour à ce prince au nom de son ambition captive et de sa fin prématurée!

Les démêlés du pape avec Napoléon, l'un défendant l'indépendance de son église, l'autre se refusant à consacrer l'institution des évêques, tant que Napoléon ne lui aurait pas rendu ses États.

ont prouvé que le Saint-Père Pie VII aimait autant la tiare que la couronne, et le décret que Napoléon rendit sur la liberté de la presse lui a fait plus de tort qu'une invasion étrangère : il lui aliéna tous les hommes généreux et instruits, il permit aux ennemis intérieurs et extérieurs d'agir sans crainte ; la nation devint immobile, paralysée et réduite au silence en présence des événements politiques qui naîtront de la fatale campagne de 1812.

La réunion à l'Empire français de la Hollande, des villes anséatiques, du Lawembourg, enfin des bouches du Rhin, de l'Escaut, du Weser, de l'Elbe et du duché d'Oldembourg, l'occupation de Stralsund et de la Poméranie suédoise, au moyen desquels le blocus de la mer du Nord et de la Baltique était complété, avait déterminé le cabinet britannique, pour éviter sa ruine définitive, à former la sixième coalition, et à entraîner l'empereur Alexandre, malgré sa parole formelle au retour du Niémen, de rompre le traité de Tilsitt, et de déclarer de nouveau la guerre à la France, à l'Autriche, à la Prusse, à l'Allemagne et à l'Italie.

Dans cette circonstance, l'Autriche vint signer un traité avec la France pour cimenter mieux que jamais les liens de famille et d'intimité entre les deux empires, et la Prusse, voulant éviter que Napoléon ne commençât par elle en attaquant la Russie, se souvenait trop bien de sa dernière défaite pour ne pas se réunir à l'Empereur Napoléon.

La nouvelle lutte, préparée avec cette haine implacable qui caractérise si bien la politique anglaise, devait attirer au dehors toutes les forces de la France, tant en Espagne qu'en Russie, et nécessita l'appel de la garde nationale qui fut divisée en trois bans dont le premier, composé de cent cohortes de mille hommes, fut chargé, en vertu des constitutions de l'Empire, de la garde des frontières, de celle des établissements maritimes, des arsenaux et des places fortes. Cependant on n'en organisa que quatre-vingt-huit sur les cent cohortes ordonnées, et on les leva sur les cent vingt-huit départements composant nos trente-deux divisions militaires depuis Rome jusqu'à Hambourg.

Déjà le point de réunion avait été indiqué à ce fleuve servant de limite à la Pologne septentrionale, sur les eaux duquel un radeau fut construit pour recevoir les serments de l'empereur Alexandre en signant la paix de Tilsitt.

Le 9 mai, l'Empereur Napoléon partit avec l'impératrice pour se rendre dans la capitale de la Saxe, où l'empereur et l'impératrice d'Autriche devaient se trouver pour témoigner au vainqueur de Wagram toute la part qu'ils prennent à le voir triompher de cette nouvelle coalition. Leur empressement répondait à la sincérité que le cabinet de Vienne venait de cimenter par un traité solennel pour ajouter encore aux liens sacrés de famille. C'est dans ce moment d'espoir et de crainte que tous les rois et les princes confédérés, plaçant leur couronne sous l'égide de Napoléon, s'empressèrent à l'envie de l'entourer de leurs hommages, et de l'assurer de leur entier dévouement.

Ce fut au moyen d'une pièce fausse, certifiée par Joseph Fonton, et présentée par le cabinet anglais, que le sultan signa la paix de Bucharest; mais le retard apporté à la ratification, en voyant Napoléon en Russie, retint les troupes russes en Moldavie, et ce ne fut que pendant la retraite de l'armée française, au passage de la Bérésina, que l'armée russe vint nous combattre sur son territoire, et renouveler la cruelle épreuve de la valeur de nos armes

Le comte de Narbonne n'ayant obtenu d'autre réponse que le maintien de l'ultimatum remis par le prince Kourakin, Napoléon n'attend plus aucun succès de ses négociations, et se résout aussitôt à quitter Dresde. Après avoir consacré la matinée du 28 mai aux affaires de son gouvernement intérieur, il se livre le reste du jour aux épanchements d'une amitié sincère, aux doux empressements et aux tendres adieux de l'Impératrice Marie-Louise. Que de larmes, que de regrets étouffés en présence des dangers qu'il va courir! Jusqu'au dernier moment, ils se renouvellent leurs adieux, et le 29 il part pour l'armée, et arrive à

Glogau ; le 30, il entre en Pologne. A Posen, il reçoit la réponse de Bernadotte avec tout le mépris qu'il a droit d'attacher à l'ingratitude et à la trahison. Il s'avance d'un pas rapide vers Thorn, Dantzick et la grande et belle ville de Kœnigsberg, située à l'embouchure du Prégel, sur la route de laquelle il passe en revue les six belles divisions commandées par le prince d'Eckmül, de là à Velhau, à Insterburg ; on voit deux cent vingt mille hommes déboucher par quatre chemins différents, et les vivres considérables qui couvrent le Prégel viennent assurer leur marche et soutenir leurs fatigues. Le 19, les troupes arrivent à Gunbinen, capitale de la Lithuanie ; c'est en cette ville que Napoléon, apprenant les refus de passeport et d'audience demandés par le général de Lauriston, à l'empereur Alexandre, s'écrie : « Les vaincus « prennent le ton des vainqueurs! ils « nous provoquent, et nous aurions sans « doute à les en remercier.... Acceptons « comme une faveur l'occasion qui nous « fait violence, et passons le Niémen. » Le 22, l'Empereur ayant son quartier-général à Wilkowiski, adresse à ses armées la proclamation suivante :

« SOLDATS,

« La seconde guerre de Pologne est « commencée. La première s'est terminée à Friedland et à Tilsitt. La Russie « a juré l'éternelle alliance à la France « et guerre à l'Angleterre ; elle viole au-

« jourd'hui ses serments : elle ne veut
« donner aucune explication de cette
« étrange conduite que les aigles fran-
« çaises n'aient repassé le Rhin laissant
« par là nos alliés à sa discrétion. La
« Russie est entraînée par la fatalité;
« *ses destins doivent s'accomplir.* Nous
« croit-elle donc dégénérés? Ne sommes-
« nous plus les soldats d'Austerlitz? Elle
« nous place entre le déshonneur et la
« guerre : le choix ne saurait être dou-
« teux. Marchons donc en avant, passons
« le Niémen, portons la guerre sur son
« territoire. La seconde guerre de la Po-
« logne sera glorieuse aux armées fran-
« çaises comme la première ; mais *la
« paix que nous concluerons portera
« avec elle sa garantie*, et mettra un

« terme à la funeste influence que la « Russie a exercée depuis cinquante ans « sur les affaires de l'Europe. »

Campagne de Russie.

Ainsi, l'armée française, composée de quatre cent mille hommes, passa le Niémen, et le monde étonné, plein d'effroi, fut témoin de cette campagne gigantesque.

État de la Russie, ses accroissements politiques, etc.

Quand on considère que cet empire est borné au nord par les glaces inaccessibles qui environnent le pôle; à l'orient par les glaces de l'Amérique polaire; au midi par les Turcs, la Perse, la Tartarie indépendante et mille lieues de contact avec l'empire chinois; à l'occident par la Suède, la Prusse et l'Autriche; qu'il s'étend depuis le 14e degré de longitude orientale, méridien de Paris, au voisinage de l'Oder jusqu'au 235e à Nooka-Sound, ou aux montagnes pierreuses, et depuis le 39e degré de latitude nord, rive de l'Araxe, jusqu'au 78e, limite des terres polaires, faisant un million de lieues carrées, c'est-à-dire la septième partie de la terre ferme et la vingt-sixième de tout le globe; et quand on réfléchit que le noyau de l'empire russe, fondé par Rurik, appelé vers 860 des bords de la Baltique par la république de Nowogorod pour la défendre, n'était composé que des onze gouvernements de Moscou, Kalouga, Riasan, Tambof, Penza, Nijegorod, Vladimir, Joraslaf, Kostroma, Vologda, formant une population de douze millions cinq cent vingt-huit mille six cents habitants; que les vices de la féodalité et le partage entre les enfants causèrent les morcellements, la confusion, les guerres civiles; et que les Russes, après avoir été conquérants, furent vaincus et soumis par les Tartares de Gengis, au XIIIe siècle et pendant trois cents ans : aurait-on cru alors aux accroissements de treize gouvernements sous les deux Ivan qui prennent le titre de czar, rétablissent l'absolutisme, l'asservissement des grands, l'esclavage des serfs ; aux accroissements de neuf gouvernements sous Alexis Romanof, qui reconquiert sur les Polonais toutes les provinces dont ceux-ci s'étaient emparés durant les troubles survenus à l'époque de l'extinction de la grande dynastie; aux accroissements des provinces baltiques, et aux conquêtes sur la Perse en 1723 , sous Pierre-le-Grand , à la fois législateur et conquérant; aux accroissements de onze gouvernements sous Catherine II, surnommée la Sémiramis du Nord, la grande souveraine, introduisant sa nation dans la société et les affaires de l'Europe ; aux accroissements obtenus sous Alexandre Ier, et dont l'importance et l'étendue tiennent en péril continuel toutes les nations voisines, menacent l'indépendance universelle. Sur la Baltique, les Russes ne sont-ils pas aux portes de Stockolm; en Pologne, ne se trouvent-ils pas au sein de l'Allemagne, dans le voisinage de Vienne et de Berlin, et au delà du Caucase? Ne heurtent-ils pas la Perse de front, et ne prennent-ils pas les Turcs à revers?

La population de cet empire n'est pas en rapport avec son étendue. Son sol européen est couvert de plus de cinquante millions d'habitants; sa partie d'Asie, de deux millions; sa partie américaine, cinquante mille seulement. Mais ces chiffres ne sont établis qu'approximativement. Il y a des contrées où il est très difficile de relever la population avec exactitude; d'autres où le gouvernement lui-même, à cause des impôts et des charges personnels, ne peut arriver à la connaissance des chiffres vrais (1).

Balbi établit que la population de la Russie s'élève, en 1822, à cinquante-quatre millions; Hassel, en 1823, à cinquante-neuf millions; Veydemeier, en 1828, la fait descendre à cinquante-trois millions; Schnitzler a dû terminer ses recherches assidues et multipliées pour constater la population actuelle de la Russie.

La Russie d'Europe est en général un pays plat, où se trouvent de vastes plaines, coupées par des rivières, des lacs et des canaux. Cependant le pays où la

(1) *La Russie pittoresque*, par Jean Czynski.

Duna, le *Volga* et le *Dnièper* prennent leur source, est très élevé. Les montagnes de la Tauride sont plus remarquables par leur aspect romantique que par leur élévation. Les chaînes de montagnes les plus remarquables sont celles d'Olonetz, au nord de Saint-Pétersbourg, et celles des monts Ourals qui séparent l'Europe de l'Asie, et qui s'étendent sur une longueur de quatre cents lieues et que les Russes appellent la ceinture du monde (1).

Aucun État n'est, peut-être, dans le cas de fournir autant de bois que la Russie : on voit des provinces entières couvertes de forêts ; il y a cependant des

(1) Guthrie, *Géographie universelle*.

cantons où un gaspillage effréné a rendu le bois très cher; c'est ainsi que le gouvernement de Moscou, quoiqu'il renferme douze mille sept cent neuf verstes carrés de forêts, éprouve la disette de bois, et que les provinces de la Baltique ont presque entièrement détruit leurs forêts, parce qu'elles en ont trouvé l'exportation facile. La forêt de Volkonskoï, peut-être la plus grande de l'Europe, s'étend depuis Viasma jusque près de Moscou, sur une longueur de plus de soixante lieues (1).

La mer Baltique communique à la mer Noire par le canal de la Bérésina qui

(1) Dumaze de Raymond, *Tableau de la Russie*, tom. I.

réunit la Duna au Dniéper, et dont le passage par l'armée française est devenu mémorable; par le canal royal qui joint le Bog occidental avec le Dniéper, et par le canal d'Oginsk qui unit le Niémen au Dniéper, et que les Français viennent d'atteindre pour la seconde fois.

On jouit d'un climat très varié dans la Russie d'Europe à cause de sa grande étendue. L'hiver est fort rigoureux dans la partie septentrionale de cette contrée: à Pétersbourg, pendant les mois de décembre, janvier et février, le thermomètre de Réaumur descend communément à 20 degrés au dessous de la glace, et celui de Farenheit à 50. La Néva y est gelée tous les ans, depuis novembre jusqu'en mars ou avril. Lorsque les habitants sortent de leurs maisons, le froid leur fait verser des larmes, qui gèlent aussitôt et restent suspendues aux cils en forme de glaçons. Comme les paysans sont dans l'usage de porter leur barbe, on voit de longs glaçons pendre à leurs mentons. Néanmoins, dans cette circonstance, la barbe est d'un grand secours pour protéger les glandes de la gorge; et les soldats, qui ne portent point de barbes, sont obligés d'envelopper leur menton d'un mouchoir pour y suppléer. Toutes les parties du visage à découvert sont très sujettes à être gelées; et le moyen le plus usité pour les dégeler est de les frotter avec de la neige.

Les nobles russes sont très hospitaliers; leur manière de vivre ressemble à celle des Français, dont ils savent la langue parfaitement. Les négociants russes diffèrent entièrement de la noblesse : ils n'affichent pas la même prodigalité dans leurs maisons et ne sont pas aussi civilisés. Le peuple ou la populace russe, appelé les *gens de boue*, à Moscou, comme à Saint-Pétersbourg, mènent une vie de sauvage. Ils vivent de pain, de cornichons, de choux, d'ail, de pâté de poissons. Ils mangent rarement de la viande : leur boisson est une mauvaise bière. Ces paysans sont serfs ou esclaves de leur seigneur, ainsi que leurs filles.

Les villages sont presque tous composés d'une seule rue, longue, assez droite et bordée, de deux côtés, de maisons construites en bois. On se sert, pour élever ces bâtisses, d'arbres entiers dépouillés seulement de leur écorce, que l'on place les uns sur les autres, et que l'on taille aux extrémités, de façon qu'ils s'enchâssent aux quatre coins de la maisons; puis on remplit de mousse les interstices à peu près comme un calfate les fissures d'un vaisseau. Le toit est en planche, et s'avance sur les fenêtres de trois à quatre pieds pour empêcher l'humidité de pénétrer. Toutes les maisons sont construites sur le même modèle. L'intérieur de la maison diffère suivant l'aisance de celui qui l'occupe; en général, elle n'est composée que d'une seule chambre, dans laquelle tous les individus qui composent la famille travaillent, mangent et couchent ensemble, pêle-mêle.

Chez les Russes, en général, la superstition la plus grossière est unie fréquemment aux idées religieuses : aucun peuple ne tient plus fermement aux préceptes des prêtres. Les amulettes religieuses du Russe, les images des saints qu'il révère, sont ses joyaux les plus précieux. Si le feu prend à sa hutte, il sauve d'abord ses idoles, ensuite ses enfants. Sa politesse dégénère fréquemment en manières abjectes et rampantes. Le paysan serf que l'on châtie, se prosterne aux pieds de son seigneur, implore son pardon et baise l'instrument dont il a été frappé. Le Russe est naturellement sensuel, fougueux et très enclin à l'ivrognerie. Lorsqu'il s'abandonne à ces inclinations funestes, il tombe dans des excès qui l'entraînent de bonne heure au tombeau. Les femmes mariées vivent dans la dépendance et la retraite les plus absolues, comme dans l'Orient, et sont plus étrangères que les hommes aux mœurs et à la civilisation européennes.

Les Russes sont, en général, vigoureux et durs au travail, particulièrement à la guerre.

Quand la neige est suffisamment durcie par la gelée, les Russes, comme leurs voisins les Suédois et les Norwégiens, voyagent dans des traîneaux faits d'écorce de tilleul, doublés de feutre, et tirés par des rennes. Vers le mois de février, la route est si bien frayée, qu'on adapte sur ces traîneaux des espèces de carrosses, dans lesquels on peut s'étendre à l'aise et courir nuit et jour enveloppé dans de bonnes fourrures. Catherine II, dans ses voyages, était menée par vingt-quatre chevaux de poste, dans une maison qui contenait un lit, une table, des siéges et d'autres commodités pour quatre personnes, et cette maison était fixée sur un traîneau.

C'est à travers ces vastes contrées que l'Empereur Napoléon, vainqueur à Smolensk, à Valoutina, à Polotsk, où notre Tambour s'est distingué en revenant de Moscou, à la Moscowa, où le maréchal Ney a déployé tant de talents et de courage, parvint à s'emparer de Moscou.

On se rappelle, sans doute, que S. A. I. le grand-duc Constantin de Russie avait épousé, en février 1796, S. A. la princesse Julie - Henriette - Ulrique de Saxe-Cobourg, sœur de S. M. le roi des Belges.

Mais on ignore que, lors de leur mariage, après avoir reçu la bénédiction nuptiale, à minuit, dans la chapelle impériale de Saint - Péterbourg, en présence de l'empereur Alexandre, petit-fils de Catherine II et frère du grand-duc, l'empereur envoya à son frère, à la sortie de la chapelle, l'ordre de se rendre sur-le-champ en Sybérie pour apaiser les révoltés. Il fallut obéir : le grand-duc partit aussitôt, désespéré d'un contre-temps aussi fâcheux. Deux mois après, les troubles étant apaisés en Sybérie, et les peuples rétablis dans une entière obéissance, Constantin, au lieu de retourner auprès de son épouse, comme il s'y attendait, reçut un ordre d'exil en récompense de son zèle et de son dévouement. L'empereur le maintint exilé en Sybérie jusqu'au moment où son courage et ses talents militaires furent appelés, en octobre 1805, à défendre l'armée russe contre la mort et le carnage auxquels elle était en proie dans les champs d'Austerlitz.

La campagne terminée, ce prince vint revoir son épouse à Saint-Pétersbourg. Après une séparation de neuf années sans interruption et sans en avoir reçu aucune nouvelle, combien il lui était doux de la revoir. Son bonheur allait lui faire oublier en un instant neuf années de souffrances, de chagrins et d'ennui; mais quel fut son étonnement quand il vit deux filles en bas âge que la grande-duchesse avait mises au monde. Comme on ne lui en avait jamais fait part, le grand-duc Constantin s'emporta violemment, protestant contre la naissance de ces deux enfants, et demanda sa séparation. L'empereur témoigna son indignation, et exila la grande-duchesse en Suisse avec une pension de 25,000 roubles, valant environ 125,000 fr. argent de France.

Néanmoins, l'empereur Alexandre prit soin de l'éducation de ces deux jeunes filles, dont l'une se nommait A.... et l'autre E.....; leur donna le château de Pétrowski, près de Moscou, pour habitation ordinaire, et les sépara ainsi de leur mère, dont il accusait l'immoralité (1).

La grande-duchesse, vivement affligée des reproches injustes qu'elle recevait sans cesse du grand-duc et de l'empereur, ne pouvait s'arracher des bras de ses chères filles, les accablait de baisers qu'elle arrosait de ses larmes, partit enfin pour son exil, en renouvelant ses sanglots tout le long de la route; mais en se promettant de tâcher de revoir ses filles chéries par tous les moyens qui seraient en son pouvoir.

Elle acheta une propriété à Fraubrun, près de Berne, qu'elle agrandit bientôt

(1) *Histoire secrète de la cour de Russie*, inédite.

de terres et de bois, et vint y fixer sa résidence.

Parmi les personnes qu'elle recevait, il y avait M. R..., conseiller du canton de Berne, homme fort recommandable par ses talents et sa probité. Il savait à peu près la cause de l'exil de la grande-duchesse, et lorsqu'elle vint à lui confier qu'elle désirait trouver une personne capable de se dévouer à ses projets en acceptant de se rendre à Moscou avec plusieurs lettres de recommandation pour l'empereur de Russie et deux grands personnages, afin d'être admise comme gouvernante des enfants de la couronne, non seulement M. R... n'eut pas de peine à comprendre son noble dessein; mais encore il lui présenta une jeune personne nommée Julie, âgée de quinze ans, bien digne du choix de la grande-duchesse. Sa famille, très ancienne et originaire de Saxe, ayant été persécutée et ruinée, s'était établie en dernier lieu dans la ville de Genève, où elle avait obtenu par ses services le titre et les droits de citoyen.

Le père de Julie avait été élève de l'école de Brienne, et en même temps le camarade et l'ami d'enfance de Napoléon ; mais son amour pour la liberté, passion ordinaire d'un républicain, ne lui permit pas de prendre du service en France. Après y avoir fait toutes ses études pour parcourir avec avantage la carrière militaire, il préféra retourner à Genève, sa patrie, et, quelque temps après, il se maria avec mademoiselle Julie Dr. de B., dame de Neufchâtel et de Valengin. Mais lorsque Genève appartint à la France, il n'aima plus sa patrie, privée de son indépendance, et qu'il regardait comme souillée en la voyant soumise à l'action d'un gouvernement monarchique. Il la quitta et vint s'établir à Besançon, où il mourut le 20 mars 1811.

Napoléon faisait grand cas de sa probité, de son désintéressement et de ses talents. Soit qu'il passât en Suisse, ou dans cette ville frontière, l'Empereur ne manquait pas de l'aller voir, le trouvant toujours entouré de sa femme et de ses enfants; il passait une heure, un jour, selon le temps que lui laissaient ses importantes occupations, ou il l'emmenait en campagne avec sa jeune fille Julie, qui ne quittait jamais son père. C'est ainsi qu'en Italie, en Espagne et en Allemagne, ce fier républicain, bon père, bon époux, sincère ami, suivait la marche des armées françaises, visitait les camps, assistait aux batailles, et veillait en même temps sur le sort de deux de ses fils, nés en France, engagés dans maints combats où ils se signalèrent par leur bravoure. C'est à l'exemple de son père, aussi éclairé que sage, que Julie, témoin dès le bas âge de tant de combats, de succès et de gloire, élevée et instruite sous les yeux de Napoléon, acquit une éducation pratique et des talents précoces dans l'art de la guerre.

Pour en revenir à la présentation de Julie, la grande-duchesse l'accueillit avec tous les égards que lui inspiraient ses malheurs et sa naissance. Et comme elles portaient toutes les deux le même prénom, qu'elles aimaient par prédilection ; et comme leurs infortunes leur inspiraient un intérêt réciproque sans avoir cependant de conformité, la plus âgée commença par consoler la plus jeune ; l'expérience de l'une guida la jeunesse de l'autre : bientôt une heureuse et douce sympathie vint unir leurs pensées, leurs actions aux mêmes désirs, à la même volonté, et de là vint un attachement sincère qui dura dix années.

Julie accepta les propositions de la grande-duchesse de se rendre en Russie pour remplir la charge de gouvernante des enfants de la couronne ; mais la princesse désirait la suivre et était embarrassée de savoir comment s'y prendre sans être reconnue. Elle en conçut l'idée à l'occasion d'un bal à caractère, auquel elle fut invitée à Berne. Elle prit l'habillement d'une paysanne bernoise, et comme elle avait des cheveux roux qui l'auraient fait reconnaître, elle les fit teindre en noir, en sorte que le costume lui allait si bien qu'il la rendait méconnaissable. Elle fut au bal, parla à tout le monde, et personne ne la reconnut. Ce premier succès détermina la grande-duchesse à se travestir sous ce costume pour arriver jusqu'à Moscou, et elle pria Julie de vouloir bien la faire passer pour sa femme de chambre. Ce ne fut pas sans peine que celle-ci y consentit; mais elle sentit qu'elle avait besoin d'être dirigée par la princesse, qui connaissait parfaitement le caractère de l'empereur de Russie, afin de remplir le rôle qu'elle devait jouer.

Julie part pour Moscou, munie d'un passeport faisant mention d'une femme de chambre qui l'accompagne, et de lettres de recommandation pour l'empereur Alexandre, le comte Rost...... et le comte de Str....... A son arrivée, l'empereur la reçoit très bien, et la conduit le lendemain au château de Pétrowski auprès des deux jeunes princesses ; il l'institue gouvernante des enfants de la couronne, et met sous ses ordres tous les gens du château. Là, il vit quelquefois par hasard la noble femme de chambre de madame la gouvernante, sans reconnaître ses traits ni sa tournure, tant les nouveaux cheveux et les nouveaux sourcils noirs, le cotillon d'une Bernoise, et une légère teinte de betterave répandue sur ses joues et sur son front la défiguraient ! tant une mère qui adore ses enfants est habile à contrefaire son maintien, changer ses traits et tromper la vigilance d'un injuste ravisseur ! Elle voyait l'empereur, le grand-duc son époux, sans oser faire la moindre tentative pour se faire reconnaître, car elle eût été perdue pour jamais ; elle avait la même circonspection envers ses deux filles, qu'elle voyait rarement et auxquelles elle ne parlait jamais. Voir, aimer et se taire, telle était la loi imposée à sa cruelle position. Mais en récompense, quand Julie, en sa qualité de gouvernante, faisait sa ronde le soir, les femmes de service se retiraient aussitôt que les jeunes princesses étaient couchées; alors Julie, à la lueur d'une lampe, lui faisait voir ses chères filles endormies. Un sommeil calme et profond annonçait le repos d'innocentes victimes, et tandis que leurs paupières étaient fermées pour la nuit, cette tendre mère veillait auprès de ces chères enfants, les contemplait à loisir, et les couvrait de baisers et de larmes; c'est alors que, sans crainte d'être reconnue, elle déposait sur leurs lèvres immobiles les baisers de la tendresse maternelle, et la nuit prêtait son discret silence pour favoriser son amour.

Un mois après son arrivée à Moscou,

Julie courut de grands dangers en voulant visiter les souterrains du Kremlin. Personne n'a droit d'y pénétrer sans une permission de l'empereur : elle lui fut accordée quinze jours après sa demande.

A peine y fut-elle entrée qu'on referma les portes sur elle. Aussitôt elle pensa qu'il y avait une préméditation ; et, comme elle avait l'habitude de ne jamais sortir sans être armée, elle s'accroupit au pied de la porte d'entrée qu'on venait de refermer, tenant ses pistolets chargés à balle. Déterminé à défendre sa vie et son innocence, elle oublie sa stupeur au milieu de l'obscurité la plus profonde, au milieu de souterrains immenses où elle peut rencontrer des hommes ou des animaux féroces pour l'attaquer ou la dévorer. Elle attend, elle écoute attentivement : rien ne se fait entendre ; cependant au bout de deux heures, elle entend parler à voix basse. On approche de son côté sans qu'aucune lumière lui permette de reconnaître le moindre signe, le moindre individu. On vient pourtant, elle se lève et s'accule dans une encoignure de muraille et attend de pied ferme. On l'approche encore plus : une lumière sourde lui laisse apercevoir deux hommes!... Ce n'est plus une femme qui jette des cris de frayeur et d'épouvante à l'aspect de deux brigands qui veulent attenter à ses jours : elle a le sang-froid et le courage d'un guerrier. L'approche de ces deux hommes ne lui laisse aucun doute. Aussitôt elle fait feu sur un fin matois pour les entreprises secrètes et hardies, et auquel on avait donné le surnom de *premier poison du prince*, le renverse à terre, donne ensuite un coup de pied dans les parties génitales à cet homme qui gouvernait Moscou, que M. le général comte de Ségur a appelé *extraordinaire*, sans doute par ce qu'il a joué le rôle d'un incendiaire-général, l'étend à terre, et lui laisse jeter des cris affreux. A ces cris, le dirai-je ?... car je frémis d'horreur en le racontant! un homme survient par une entrée secrète des souterains. Julie s'était emparée de la lampe, regarde et reconnaît cet homme! Aussitôt elle fait feu sur lui, l'atteint à l'épaule; il retient ses cris autant qu'il peut, et arrive en se traînant dans le palais pour se jeter sur son lit.

Elle suit ses pas, après l'avoir donné des coups de crosse de pistolet à ces deux brigands partout où elle peut les atteindre, afin de s'assurer de leurs défaites. Julie aurait quitté la cour à l'instant même de cette catastrophe épouvantable sans le précieux dépôt des deux jeunes princesses que la grande-duchesse lui avait confié. Il est inutile de s'étendre davantage sur la bassesse et l'atrocité du général B.... et du comte R....., il suffit de faire remarquer que le courage et la vertu ont cette fois puni le crime.

Quatre mois s'étaient écoulés depuis l'arrivée de Julie, lorsque l'empereur Alexandre eut la certitude que Napoléon, à la tête de la grande armée, approchait des murs de Moscou. Alexandre, après avoir résisté long-temps aux propositions incendiaires du comte Rostopchin, y consentit enfin, et ordonna à Julie de disposer son départ avec les jeunes princesses pour l'accompagner à Saint-Pétersbourg. Il voulait d'abord prendre ses nièces avec lui dans sa voiture, mais Julie qui avait son projet l'en détourna. L'empereur consentit à partir le premier. Julie attacha son manteau et son chapeau, ainsi que ceux des jeunes princesses dans leur voiture qui suivait celle d'Alexandre pour donner l'idée qu'elles s'y trouvaient. Pendant ce temps, Julie retourne à Pétrowski, attèle des chevaux à la voiture qui l'avait amenée de Berne, prend sa noble femme de chambre, toujours sous son costume de paysanne bernoise, les deux jeunes princesses, se déguise en jockey, monte un des chevaux, et conduit la voiture à Moscou. Arrivées au Kremlin, où elles ne trouvèrent plus personne de la maison de l'empereur, elles s'y établirent momentanément, tandis qu'Alexandre se dirigeait sur Saint-Pétersbourg.

Moscou offrait alors le tableau le plus affligeant. Les riches et les grands avaient abandonnés leurs maisons, leurs palais, richement meublés et abondamment pourvus de vins, de liqueurs de toute espèce. Un morne silence régnait dans la ville. La populace, les juifs et les vagabonds attendaient avec impatience le moment où l'armée française se livrerait au pillage. L'armée arrive, s'installe dans Moscou, et dans les environs. Les soldats, et les officiers visitent ces maisons et ces palais abandonnés, vont dans les caves, boivent à longs traits ces vins, ces liqueurs, d'autant plus délicieux que depuis long-temps ils sont privés du nécessaire. L'excès de la boissons anima les vainqueurs et les porta malheureusement à des excès qu'on blâme toujours dans une armée bien disciplinée; mais ces excès, peut-on s'en plaindre avec raison, puisque c'est le sort du vaincu et le droit du vainqueur.

Il y avait peu de temps que l'armée française était arrivée, et déjà l'incendie répandait partout ses ravages. Le Kremlin lui-même, cet antique palais des czars, n'en fut pas épargné. L'alarme était dans l'armée. Avide de repos et de nourriture, elle voit avec amertume que le quartier d'hiver, tant promis à son courage inébranlable, à ses grandes fatigues et à sa pénible misère, est envahi par les flammes, et qu'il faudra le quitter pour chercher un refuge ailleurs. C'est en vain que les soldats, comme les chefs, s'agitent en tous sens et font des efforts impuissants pour éteindre les foyers d'incendie, apaiser les flammes. Le génie infernal qui avait conçu d'embraser Moscou n'avait pas manqué de miner la ville dans toutes ses parties, le Kremlin dans ses souterrains, et avait aposté des forcenés mercenaires pour y mettre le feu lorsque l'armée française commencerait à vivre avec sécurité.

Julie, dont M. le général comte de Ségur a voulu parler à la page 21 du tome second de son *Histoire de Napoléon et de la Grande-Armée* pendant l'année **1812**, en disant : « Le 3 septembre, « une Française, au risque d'être massacrée par des mougiques furieux, se « hasarda à sortir de son refuge ; elle errait depuis long-temps dans de vastes « quartiers, dont la solitude l'étonnait, « quand une lointaine et lugubre clameur « la saisit d'effroi : c'était comme le chant « de mort dans cette vaste cité. Immobile, elle regarde, et voit s'avancer une « multitude immense d'hommes et de « femmes désolés, emportant leurs biens, « leurs saintes images, et traînant leurs « enfants après eux. Leurs prêtres, tous « chargés des signes sacrés de la religion, les précédaient ; ils invoquaient

« le ciel par des hymnes de douleur, que « tous répétaient en pleurant. » M. le général de Ségur a ignoré la cause du dévouement de Julie, vivement inquiétée du sort des princesses, qu'elle avait réfugiées dans l'intérieur du maître-autel d'une église près du Kremlin. Son histoire est incomplète : c'est un fait assez important. Pendant ce temps, on l'a vue aller, se promener partout, inquiète, agitée, tantôt sous les habits dégoûtants d'un juif, sous l'uniforme d'un soldat ou d'un officier français, sous celui d'un cosaque, d'un paysan russe ou d'un Lithuanien, parlant le français, le russe, l'allemand, le polonais, selon le costume qu'elle portait, soit pour se procurer des vivres qu'elle apportait aussitôt à la grande-duchesse et aux princesses ses filles, qui la regardaient comme leur seconde providence, au risque d'être blessée ou tuée par les éclats de l'incendie, soit encore pour savoir ce qui se passait, et quel nouveau danger les princesses, dont elle était l'unique appui, pouvaient courir.

Les choses en étaient à ce point, qu'il n'y avait plus d'espoir de salut ni pour l'armée ni pour les habitants, et cependant Julie voulait sauver la grande-duchesse et ses filles. A quel être pouvait-elle se confier sans craindre de compromettre le sort, la vie même des princesses? Cette tâche était très délicate. Après s'être agitée violemment sur le parti qu'elle avait à prendre, elle se décide à se mettre sous la protection de l'armée française, en pensant que cette marque de haute confiance exciterait sa générosité. En effet, elle s'adressa à M. le maréchal Mortier, qu'elle avait vu plus d'une fois avec son père. Lui ayant confié la position pénible où elle se trouvait, le maréchal lui répondit : « que « c'était impossible d'accorder un réfuge « dans les camps de l'armée, et qu'il ne « pouvait pas prendre sur lui d'en parler « à l'Empereur. » Le maréchal ne se souciant pas de le lui dire, lui indiqua le côté opposé où Napoléon se trouvait. Julie ne se méfiant pas de cette mauvaise intention, se rend vers le lieu qu'il lui a indiqué, et ne trouve pas Napoléon. Elle parcourt diverses parties de la ville et ne le trouve pas encore ; enfin, contrariée et désappointée, elle arrive chemin faisant dans une rue étroite, près du Kremlin, où une poutre en feu était prête à tomber. A travers la fumée, un homme, qu'elle ne voyait pas, lui crie : «Retirez-« vous donc de là !.. » —« Qu'est-ce que « cela vous fait, lui répondit-elle, en s'é-« loignant. » Puis, travaillée par le désir de savoir où est Napoléon, elle se ravise et pense que cet homme, qui a l'air d'un simple officier, pourra le lui dire. Elle revient sur ses pas et lui dit :

— De quel régiment êtes-vous?

— Pourquoi cela? et vous, qui êtes-vous? lui répond-il.

— Homme ou femme (elle était en jockey) peu vous importe, ajouta Julie.

— Ce n'est pas une femme qui peut

prendre un pareil costume. Au surplus, que voulez-vous? lui dit-il brusquement en s'approchant d'elle.

Aussitôt elle reconnut Napoléon.

— N'êtes-vous pas Français?

— Non, je suis *républicaine,* mais je suis née en France de parents étrangers.

— D'après votre accent, je connais la ville frontière de France où vous êtes née. Votre père n'est-il pas citoyen de Genève?

Se voyant reconnue et voulant lui faire voir qu'elle le reconnaissait aussi, elle lui repond : Oui, Sire.

— Hem!... Comment, c'est la petite Julie! Où est votre père? comment se fait-il qu'il ne soit pas avec vous?

— Sire, j'ai eu le malheur de le

perdre le jour de la naissance de votre fils.

Aussitôt l'Empereur se mit à verser des larmes sans pouvoir lui répondre. Au bout de quelques instants, il lui dit :

— Eh bien! que faites-vous ici?

— Je suis avec la grande-duchesse Constantin de Russie et les enfants de la couronne. L'empereur Alexandre l'a exilée à Berne, où elle m'a rencontrée. Tourmentée par le vif désir de posséder ses chères filles, elle a compté sur mon dévouement en me faisant nommer gouvernante des enfants, et elle a désiré m'accompagner sous le costume d'une paysanne bernoise, en qualité de ma femme de chambre, afin de guider mes pas dans l'entreprise hardie de les enlever de mains d'Alexandre qui, jusqu'à présent, les a retenues. Je prie Votre Majesté de vouloir bien nous prendre sous sa protection.

— Mais, malheureuse, dit-il en souriant, votre tête est mise à prix par ordre d'Alexandre pour punir votre trahison.

— Je n'en savais rien, répond-elle avec sang-froid.

— Mais, où sont la grande-duchesse et ses filles ? Conduisez-moi près d'elles, je désire leur parler.

Au moment où Napoléon, conduit par Julie, entrait dans l'église située près du Kremlin, il voit des grenadiers de la vieille garde qui avaient enfoncé le maître-autel, s'étaient emparés d'une femme et de deux jeunes demoiselles, toutes trois échevelées, éperdues, voulant les conduire au quartier-général comme prisonnières : c'étaient la grande-duchesse, elle-même, avec ses deux filles.

Aussitôt Julie accourt près d'elles pour les rassurer, tandis que Napoléon dit aux grenadiers : « Camarades, c'est la « Providence qui me les confie ; vous « avez fait votre devoir, retournez à vos « postes. » Il s'empressa de calmer l'agitation de la grande-duchesse, et lui dit de la manière la plus affable qu'elle n'avait plus à s'inquiéter de son sort, qu'il savait tout ce qui en était, que sa personne et ses filles seront gardées très secrètement, et que non seulement elle ne manquerait de rien, mais encore qu'il lui donnerait une escorte jusqu'aux frontières de Russie.

Quand on songe à l'état de misère et de découragement où l'armée était plongée, aux dangers que ses débris et leurs chefs couraient encore en opérant sa retraite, et aux conditions avantageuses qu'on pouvait alors obtenir de l'empereur Alexandre en faisant prisonniers la grande-duchesse Constantin de Russie et les enfants de la couronne, peut-on se refuser de faire l'éloge de la délicatesse de Napoléon en se refusant de tirer parti d'une circonstance aussi importante, en voulant garder secret, ce que tout autre à sa place n'aurait manqué de publier, tant il y a de grandeur et de générosité dans un véritable guerrier, et tant il est vrai qu'il tenait plus à la gloire de vaincre qu'au succès du hasard !

Comme la grande-duchesse était incommodée, et que les neiges amoncelées couvraient les routes, elle fut obligée de demeurer encore six semaines. Tantôt elle habitait le château de Pétrowski, à six lieues environ de Moscou, et où Napoléon allait la voir ; tantôt elle occupait une tente près de celle de l'Empereur, sans que personne ne s'en doutât. Il avait l'attention de partager avec les princesses ce qu'il avait de meilleur. La viande de cheval était tout à la fois les poulets et les perdrix d'alors, et l'eau-de-vie remplaçait le mâcon et le bordeaux. Et quand Napoléon pouvait encore prendre sur sa part, il l'envoyait à ses officiers. Il faisait sa partie de cartes, d'échecs ou de domino avec ces dames, lorsque ses occupations lui en laissaient le loisir.

Déjà Moscou, livrée aux flammes, n'offrait plus qu'un monceau de cendres; et l'armée, privée d'abri et de repos, en proie aux fatigues et aux privations, avait quitté l'ancienne capitale des czars, et battait en retraite pour regagner l'Allemagne.

La grande-duchesse, ses filles et Julie, après avoir vivement remercié l'Empereur Napoléon, partirent trois jours avant son départ pour Paris, et suivirent les débris de l'armée en retraite, escortées par trente hommes de cavalerie pour les conduire hors des frontières de Russie.

Après trois jours de marche assez pénible, les princesses et Julie étaient arrivées dans une petite ville appelée, je crois, Polotsk, pour prendre du repos et de la nourriture. C'était en décembre **1812.** L'armée française, réduite à prendre sa retraite, avait son état-major général et trois ou quatre mille hommes campés dans cette petite ville, au moment où la nuit vint les surprendre et les obliger à prendre aussi du repos jusqu'au lendemain.

Pendant ce temps, Julie, dont le courage et le dévouement pour les princesses ont bravé tous les périls, craignant une surprise de l'ennemi, pendant la nuit, capable de compromettre le sort des princesses, dont elle a été jusqu'à présent le salutaire gardien, de troubler le repos ou d'exposer la vie de Napoléon, des chefs et des soldats, prend la résolution hardie de parcourir à cheval la campagne à trois lieues de circonférence du camp de Polotsk.

La neige couvrait la terre à une grande profondeur. Le froid était excessif; les cosaks maraudaient et traversaient la campagne en tout sens, et Julie s'exposait à chaque instant, n'ayant d'autre appui que son courage héroïque, à être prise ou tuée.

Déjà la nuit couvrait la terre de ses ombres ténébreuses, et la blancheur éblouissante des neiges pouvait seule éclairer son entreprise, tout en la privant de reconnaître aucune trace indiquant les chemins pratiqués pour la conduire aux villages environnants. Ne redoutant aucun danger, elle s'avance d'un pas rapide, parvient à trouver des lieux habités, et pour s'identifier avec le pays, tantôt elle parle le russe, tantôt le langage des cosaks ; elle apprend, enfin, qu'une horde de cinq à six mille connaissant la présence de Napoléon à Polotsk, doivent s'y rendre au milieu de la nuit pour égorger les troupes pendant leur sommeil, et faire prisonniers l'Empereur et les maréchaux qui l'entourent. Aussitôt elle tourne bride, et arrive au galop à Polotsk.

Elle ne veut pas prévenir les chefs, elle veut veiller elle-même pendant la nuit ; elle va, vient, parcourt les camps, en attendant leur approche. Elle affecte de ne pas paraître inquiète, et s'adresse à un jeune tambour qui veut bien lui prêter son uniforme, son tambour et son schako, tandis qu'il passera la nuit sous sa capote. Pour le récompenser, elle lui donne sa bourse remplie d'or.

De retour dans sa tente, et pendant le sommeil des princesses, Julie évite le moindre bruit, s'affuble de l'uniforme du tambour et attend avec impatience l'arrivée des cosaks.

Elle les aperçoit enfin; leurs cris, le hennissement des chevaux, le tumulte impétueux de leur marche n'inspire aucune frayeur à Julie; elle prend aussitôt son tambour, parcourt les tentes des officiers et des soldats, et bat la générale avec le plus grand sang-froid.

Les troupes françaises prennent aussitôt les armes. Napoléon donne des ordres et les chefs rangent les soldats en bataille.

Les Français marchent au devant de l'ennemi ; l'attaque commence, le bruit des armes, le galop des chevaux se font entendre.

Après une résistance acharnée, les six mille cosaks sont tués, blessés, mis en fuite, et leurs chefs sont faits prisonniers. Bientôt on les amène pour disposer de leurs personnes. Pendant ce temps, les princesses sont toutes saisies de terreur et d'épouvante au bruit des armes et des coups de fusils. Elles tremblent d'être faites prisonnières et d'être remises entre les mains d'Alexandre... Napoléon passe en revue son petit corps d'armée, récompense les braves qui se sont distingués, et cherche des yeux le tambour qui a battu la générale, et dont le courage et le dévouement a sauvé les chefs et les soldats d'une mort infaillible. Il parcourt les rangs, mais en vain: ce brave tambour n'y est pas. La revue terminée, les troupes s'éloignent, et à peine Napoléon est-il rentré dans sa tente, qu'il aperçoit ce jeune tambour qui veut entrer pour lui parler, et au moment où il va pour répondre aux questions de l'Empereur, le schako du jeune tambour tombe, et laisse voir la belle chevelure blonde de Julie.

Aussitôt Napoléon la reconnaît et la

félicite en présence des maréchaux et des chefs de l'armée.

Après l'avoir remercié au nom de l'armée du service éminent qu'elle lui a rendu, Napoléon lui donne la croix de la Légion-d'Honneur, en disant : « Qu'il « y a long-temps que Julie l'a méritée. » Mais Julie refuse en disant que ce qu'elle avait fait était bien simple et bien naturel, et n'était pas digne d'une telle récompense. Napoléon insista plusieurs fois le lendemain de l'affaire, en l'invitant à venir à Paris aussitôt son arrivée à Berne. Les princesses, de leur côté, se confondaient en remerciements, témoignaient leur vive reconnaissance envers Julie, qu'elles regardaient comme leur ange tutélaire, l'encourageaient à accepter une distinction si bien méritée. Ce fut en vain; Julie refusa toujours, sans égard pour les instances du prince Eugène et des chefs de l'armée. Elle fit ses adieux à Napoléon, qui la connaissait depuis l'enfance pour avoir toujours été noble, généreuse et désintéressée, et partit pour Berne avec la grande-duchesse et ses filles, sous l'escorte de trente hommes de cavalerie jusqu'aux frontières de Russie.

De toutes les personnes qui se sont dévouées à la cause de Napoléon et de son fils, le duc de Reichtadt, il n'en est pas une seule qui ait montré autant d'attachement sincère et de désintéressement que Julie.

Élevée dès l'enfance sous les yeux de Napoléon, elle s'est naturellement attachée à sa personne et par estime et par reconnaissance.

A la mort de son père, le camarade d'études et l'ami d'enfance de Napoléon, décédé sans laisser de fortune, Julie accepta les fonctions de gouvernante des enfants de la couronne de Russie. Son âme fut attendrie par les larmes d'une mère, d'une princesse exilée voulant revoir et posséder ses enfants, et elle n'a pas cru trahir ses devoirs en les soustrayant aux mains de l'empereur Alexandre; cependant sa tête fut mise à prix, et l'est peut-être encore, pour la récompenser d'une action aussi morale.

A l'armée, tandis qu'elle y était avec son père, on l'a connue sous le nom de Sainte-Thérèse, couverte de sa bure et pensant les blessures des soldats et des officiers. Élève de la vénérable sœur Marthe, elle avait appris à faire abnégation d'elle-même, à se dépouiller de ce qu'elle pouvait posséder pour soulager les malades et les malheureux. Combien de fois, sur le champ de bataille, bien jeune encore, mais d'une forte constitution, ne l'a-t-on pas vue braver le feu de l'ennemi pour penser les blessures de ceux dont Napoléon récompensait le courage en les décorant du signe de l'honneur ! Combien de fois aussi n'a-t-elle pas demandé, avec autant de grâce que d'ingénuité, de l'avancement pour l'un, de l'indulgence pour l'autre, soit pour des soldats, des officiers ou des généraux !... Aujourd'hui tout est oublié ; chacun a pris des grades plus élevés, chacun affirme qu'il ne l'a jamais connue : l'amour-propre en rougirait, l'égoïsme effronté l'exige. Un maréchal de France, dont la loyauté, le patriotisme et la franchise ne se sont jamais démentis, mort un lundi, il y a peu d'années, a été le seul jusqu'à présent qui ait pris sa défense, et reconnu la grâce que Julie avait obtenue de la clémence de Napoléon dans une campagne d'Allemagne.

Quand Napoléon fut exilé à l'île d'Elbe, Julie fut le trouver pour le voir, le consoler et servir sa cause. Et quand il fut à Sainte-Hélène, elle fit cinq voyages, sous le plus stricte incognito, ayant appris l'anglais à Londres, afin de bien posséder l'accent et passer pour une Anglaise, arrivant dans cette île sous le nom de miss Fox, accompagnant lady Holland, soi-disant sa mère, enfin sous divers déguisements pour tromper la surveillance et les curieux, afin de veiller sur la santé de Napoléon, lui apporter de Schœnbrunn des nouvelles de son fils, lui procurer de l'étranger tout ce qui pouvait lui manquer, notamment de la flanelle d'Angleterre qu'elle cachait sous ses propres vêtements.

Trois mois avant sa mort, Napoléon tira de sa ceinture, qui ne l'avait jamais quitté, les titres de sommes immenses déposées en Angleterre, lesquelles furent la cause réelle de la mort de lord Castelreagh, pour les avoir dissipées à résister au blocus continental, et qu'elle n'accepta que comme un dépôt sacré pour le rendre au duc de Reichtadt, son héritier légitime. Elle est parvenue à les faire restituer, les a fait conduire elle-même à Vienne : le premier voyage a été de 1,700,000,000 de francs, le second de 700,000,000 de fr. Aujourd'hui l'Autriche possède ces trésors, s'élevant à 2,400,000,000 de fr., qu'elle a placés depuis chez diverses puissances, et l'empereur Ferdinand laisse dans la pauvreté un si noble désintéressement!!...

Julie a poussé la délicatesse à un tel point qu'elle n'a voulu recevoir de Napoléon qu'une petite boussole en cuivre doré, qu'il a toujours portée sur lui dans toutes ses campagnes, et dont la *Revue Britannique* a rendu compte. Julie est un vrai type de l'antiquité au milieu de notre société corrompue. Sa modestie s'est toujours opposée à la publicité de ses belles actions et aux récompenses que Napoléon lui a souvent offertes, alors qu'il était tout-puissant, couvert de gloire et comblé de richesses. Mais elle n'a jamais fait de discours louangeurs adressés à l'Empereur des Français, ni reçu des pensions ni des titres, insérés dans le *Moniteur* : elle n'intriguait pas pour parvenir, et elle ne servait pas pour intriguer. Voilà pourquoi l'histoire n'en parle pas.

NOTICE

SUR

L'ORIGINE ET L'USAGE DU TAMBOUR ET DU TAMBOUR-MAJOR DANS L'INFANTERIE FRANÇAISE.

TAMBOUR (de l'espagnol *tambor*, dérivé de l'arabe *altambor*, et de la basse ou moderne latinité *tabour*, *tabur*, *tabor*, *taburcium*, *tamburlum* (Voyez Scaliger, Vossius, Trévoux, Ménage, l'*Histoire de l'Académie royale des inscriptions et belles-lettres*, l'*Histoire de la milice française*, par le P. Daniel, 1721, vol. II).

« Le tambour, d'après M. Sicard,
« *Dictionnaire de la conversation*,
« t. IX, est un des instruments militaires

« des plus anciens. Il était en usage
« chez tous les peuples de l'antiquité,
« excepté chez les Grecs et chez les
« Romains, qui le remplaçaient par les
« timbales et par la bucine. Les pre-
« miers Franks ne connurent que l'usage
« du clairon. —La caisse a été importée
« en Europe par les Sarrasins et par les
« Maures. Les Allemands, les Anglais,
« les Espagnols et les Italiens s'en ser-
« virent ensuite les premiers. Elle n'ap-
« paraît en France qu'en 1347, lors de
« l'entrée d'Edouard III, roi d'Angle-
« terre, à Calais : c'est à partir de cette
« époque qu'on a créé des tambours
« dans l'infanterie française, et que l'u-
« sage de la caisse s'y est introduit avec
« rapidité. »

M. Sicard ajoute : « Quant à l'origine
« du tambour-major, M. de Montgom-
« mery a publié, à Paris, en 1615, un

« ouvrage intitulé : *La Milice française*
« *réduite à l'ancien ordre et disci-*
« *pline militaires des légions*, où l'on
« trouve ce qui suit : « Sous le règne
« de Henri II il y avait dans chaque
« bande (corps, régiment) un tambour-
« colonel, ou capitaine-tambour, lequel
« ne portait point de caisse ; il entrete-
« nait un valet, ou sous-tambour, qui
« était chargé de ce soin. Le tambour-
« capitaine portait un bâton sans fer,
« dont il se servait pour corriger les
« tambours. » « Ce bâton, dit l'auteur
« de l'article, est aujourd'hui remplacé
« par une forte canne en jonc, surmon-
« tée d'une grosse pomme en argent.
« L'auteur de *La Milice française* ne
« dit pas si l'on exigeait de son temps,
« comme aujourd'hui, que le capitaine
« ou colonel-tambour eût une taille éle-
« vée, une tournure svelte et élégante. »

Une ordonnance de **1662** a fait déchoir ce fonctionnaire militaire en ne lui accordant que le rang de sergent, tout en l'autorisant à porter les galons de sergent-major, grade qu'il occupe effectivement de nos jours. Leurs fonctions d'aujourd'hui sont connues ; et quant aux effets d'habillement et du grand équipement, la coupe, la dimension et le prix en sont reglés en vertu d'un devis approuvé par M. le Ministre de la Guerre le **27** novembre **1826**.

FIN.

IMPRIMERIE MAULDE ET RENOU,
Rue Bailleul, 9 et 11.

www.ingramcontent.com/pod-product-compliance
Ingram Content Group UK Ltd.
Pitfield, Milton Keynes, MK11 3LW, UK
UKHW022055190726
13855UKWH00002B/509

9 782013 060097